Como ensinar a compreender um texto?

Coleção Compreensão Leitora: Teoria e Prática
Coordenadora: Suzana Schwartz

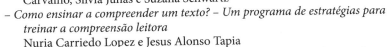

– *A compreensão leitora nos anos iniciais – Reflexões e propostas de ensino*
Zoraia Aguiar Bittencourt, Rodrigo Saballa de Carvalho, Sílvia Juhas e Suzana Schwartz
– *Como ensinar a compreender um texto? – Um programa de estratégias para treinar a compreensão leitora*
Nuria Carriedo Lopez e Jesus Alonso Tapia
– *Princípios e práticas para a compreensão textual no Ensino Fundamental*
Sunday Cummins
– *Escrever, ler e aprender na Universidade – Uma introdução à alfabetização acadêmica*
Paula Carlino

Dados Internacionais de Catalogação na Publicação (CIP)
(Câmara Brasileira do Livro, SP, Brasil)

Lopez, Nuria Carriedo
 Como ensinar a compreender um texto? : um
programa de estratégias para treinar a
compreensão leitora / Nuria Carriedo Lopes,
Jesus Alonso Tapia ; tradução de Suzana
Schwartz. – Petrópolis, RJ : Vozes, 2016. –
(Coleção Compreensão Leitora : Teoria e Prática)
 Título original: ¿Cómo enseñar a comprender un texto? :
un programa para enseñar al profesorado estrategias para entrenar
la comprensión lectora
 Bibliografia.

 2ª reimpressão, 2021.

 ISBN 978-85-326-5268-3
 1. Aprendizagem 2. Compreensão – Leitura – Avaliação
3. Compreensão leitora 4. Professores – Formação
5. Textos I. Tapia, Jesus Alonso. II. Título. III. Série.

16-03387   CDD-372.4

Índices para catálogo sistemático:
1. Compreensão leitora : Educação   372.4

NURIA CARRIEDO LOPEZ
JESUS ALONSO TAPIA

Como ensinar a compreender um texto?
Um programa de estratégias para treinar a compreensão leitora

Tradução de Suzana Schwartz

EDITORA VOZES
Petrópolis

© 2016, Editora Vozes Ltda.
Rua Frei Luís, 100
25689-900 Petrópolis, RJ
www.vozes.com.br
Brasil

Título do original em espanhol: ¿Cómo enseñar a comprender un texto?
Un programa para enseñar al profesorado estrategias para entrenar la comprensión lectora

Todos os direitos reservados. Nenhuma parte desta obra poderá ser reproduzida ou transmitida por qualquer forma e/ou quaisquer meios (eletrônico ou mecânico, incluindo fotocópia e gravação) ou arquivada em qualquer sistema ou banco de dados sem permissão escrita da editora.

CONSELHO EDITORIAL

Diretor
Gilberto Gonçalves Garcia

Editores
Aline dos Santos Carneiro
Edrian Josué Pasini
Marilac Loraine Oleniki
Welder Lancieri Marchini

Conselheiros
Francisco Morás
Ludovico Garmus
Teobaldo Heidemann
Volney J. Berkenbrock

Secretário executivo
João Batista Kreuch

Editoração: Fernando Sergio Olivetti da Rocha
Diagramação: Sheilandre Desenv. Gráfico
Capa: WM design

ISBN 978-85-326-5268-3 (Brasil)
ISBN 84-7477-474-8 (Espanha)

Editado conforme o novo acordo ortográfico.

Este livro foi composto e impresso pela Editora Vozes Ltda.

Uma parte deste livro corresponde à tese de doutorado da Profa. Nuria Carriedo Lopez, orientada pelo Prof. Jesus Alonso Tapia, defendida na Universidade Autônoma de Madri em 23 de junho de 1992. A tese intitulada *Ensinar a compreender: planejamento e validação de um programa de instrução para formação de professores no ensino de estratégias de compreensão das ideias principais na sala de aula*, recebeu o terceiro lugar do Prêmio Nacional de Investigação Educativa no ano de 1993.

Sumário

Apresentação da coleção, 9

Introdução – Processos de compreensão textual, 11

Programa de formação de professores, 27

Módulo 1 Fatores que influenciam no processo de compreensão e de produção textual, 29

Módulo 2 Ativação do conhecimento prévio, 45

Módulo 3 Introdução à estrutura do texto: estrutura do texto e ideia principal; método de ensino: instrução direta, 63

Módulo 4 Textos com estrutura de generalização e de enumeração, 86

Módulo 5 Textos de classificação e comparação-contraste, 115

Módulo 6 Textos sequenciais, de causa-efeito e problema-solução, 153

Módulo 7 Textos argumentativos, 176

Módulo 8 Textos narrativos, 197

Módulo 9 Avaliação da compreensão leitora, 218

Módulo 10 Projeto de uma unidade de instrução, 247

Referências, 250

Índice, 251

Apresentação da coleção

A leitura e a escrita estão entre as ferramentas mais importantes que os seres humanos podem dispor e que oportunizaram mudanças qualitativas na história e no pensamento. Escrever, ler e compreender são processos que precisam ser ensinados e desenvolvidos ao longo da escolaridade. No entanto, em todas as modalidades de ensino estamos tendo problemas para concretizar essas aprendizagens. O fenômeno do analfabetismo funcional – que nos níveis mais avançados encaminha para que o sujeito, embora seja capaz de decodificar textos, não alcance compreender seu sentido – está sendo estudado em muitos países, dentre eles o Brasil, a fim de se encontrar alternativas para esse e outros problemas de compreensão.

Ao encontro dessa demanda, planejamos uma coleção de livros cujo tema, "compreensão leitora", é abordado nas perspectivas da Educação Infantil, Anos Iniciais do Ensino Fundamental e Ensino Superior.

Esperamos que a coleção contribua na formação de leitores autônomos, capazes de ler, produzir, compreender e desfrutar diferentes tipos de textos.

Boa leitura!

Introdução
Processos de compreensão textual

Grande parte da atividade escolar está organizada em torno da comunicação escrita. Os alunos precisam ler, compreender, avaliar criticamente as informações contidas nos textos e retê-las na memória, a fim de poder resgatá-las quando necessário. Eles também necessitam comunicar-se através da escrita.

Para auxiliar os alunos nessas tarefas, os professores utilizam diferentes estratégias, que nem sempre alcançam a eficácia desejada. Um aspecto particularmente problemático se refere à capacidade de diferenciar o que é importante e o que é secundário em um texto. Essa habilidade contribui para a qualidade da atenção que os alunos investem na leitura de textos, bem como nos resumos que elaboram, o que influencia no que de fato aprendem. Por esta razão, é importante que os professores conheçam como ensinar estratégias para a compreensão textual e, em particular, como ensinar os alunos a identificar nos textos os diferentes graus de importância das informações.

Para auxiliar nessas aprendizagens, preparamos este livro. Ele descreve um programa projetado para professores que trabalham com o ensino da compreensão leitora. O livro tem como objetivo o ensino de estratégias de compreensão relacionadas com a identificação das informações mais importantes de textos expositivos e narrativos. Seu propósito é, portanto, fornecer um conjunto de estratégias e métodos para contribuir nessas aprendizagens dos alunos.

A estrutura e o modo como são explicados o passo a passo das diferentes estratégias e dos procedimentos de ensino torna o texto acessível aos professores em geral, não apenas àqueles que se dedicam ao ensino de componentes específicos de leitura e produção textual.

Antes de continuar a ler e utilizar o livro, pensamos ser necessário explicitar os pressupostos teóricos que embasam a concepção de compreensão leitora em que se baseia o programa e também fornecer uma visão geral das estratégias, do conteúdo, do método de ensino proposto e dos estudos que avaliam sua viabilidade.

1 A explicitação do conceito de ideia principal que embasa o programa

O programa parte da ideia de que a compreensão da leitura é o produto final do processo, em diferentes níveis, que o leitor realiza com o texto. Os níveis que tradicionalmente têm sido considerados no processo de compreensão são: o lexical, o sintático, o semântico e o referencial.

Além disso, partimos do pressuposto de que a compreensão do texto é um processo interativo envolvendo tanto as variáveis textuais (p. ex., dificuldade de vocabulário ou estrutura do texto) como as do leitor (o conhecimento sobre o tema ou o uso de estratégias para compreensão).

Quando lemos um texto, inicialmente precisamos fazer a decodificação das palavras, o que supõe transformar uma sequência ortográfica (palavra) em um código fonético. Uma vez decodificada, é preciso acessar seu significado em nossa memória permanente (processamento lexical). Posteriormente, o leitor deve fazer uma transformação sintática da frase, que consiste em atribuir segmentos de orações a constituintes gramaticais e identificar como esses componentes estão inter-relacionados. Esse procedimento contribui para o leitor decodificar uma sequência linear de palavras em uma estrutura (estrutura proposicional do texto) mais complexa e interligada, que serve de base para a análise semântica da frase. A análise semântica é realizada tanto quando o leitor busca na memória o significado das palavras de uma frase ou quando procura o estabelecimento da coerência semântica do texto localmente (coerência entre as frases do texto) e no mundo (quando relaciona o conteúdo do texto com seu conhecimento prévio).

No entanto, o processo de compreensão não termina com a análise semântica do texto, mas continua com a construção, pelo sujeito, de uma representação mental de objetos do mundo ao qual o texto evoca, uma representação mental do que o texto descreve.

Produtos resultantes da transformação em cada nível servem como pré-requisitos necessários, mas não suficientes, para chegar ao produto final de compreensão, a representação do significado do texto. **O resultado final será tanto mais produtivo quanto já se tenha trabalhado adequadamente com cada um dos diferentes níveis**. Assim sendo, podem ocorrer diferenças na compreensão leitora dos alunos, que provavelmente resultem da ocorrência de falhas nos diferentes níveis.

Vamos ver um exemplo desse processo. Considere o seguinte texto:

"A população mundial não está igualmente distribuída. Muitas áreas não têm quase habitantes, estão vazias de pessoas. Por exemplo desertos quentes, como o deserto do Saara e desertos gelados, como os polos. Em contrapartida, outros lugares na Terra são altamente povoados. Neles há muita gente em territórios pequenos, por exemplo, na Índia, China e Japão, vive quase metade da população do mundo, e na Europa e nos Estados Unidos há também uma grande população."

Quando uma criança de 11 ou 12 anos se depara com um texto como este e começa a lê-lo para compreendê-lo, primeiro precisa decodificar corretamente todas as palavras no texto, pois se não entender o significado de alguma delas a compreensão pode ser alterada. Posteriormente, deve realizar o processamento sintático de cada uma das frases incluídas no texto, e depois terá de procurar o seu significado global, que, como já afirmamos, consiste em encontrar relações entre as diferentes frases ao mesmo tempo em que articula o conteúdo do texto com seu conhecimento prévio. O resultado deste processamento semântico poderia ser uma estrutura hierárquica semelhante a que segue:

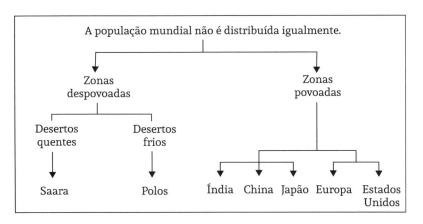

A elaboração de uma representação desse tipo pressupõe que o leitor tenha entendido a relação (tanto sintática como semântica) entre as frases do texto, o que lhe permitiu estabelecer categorias de importância entre elas, consequentemente, determinar que o conteúdo da primeira frase do texto é mais global e perceber que o conteúdo das outras frases se refere a ele.

No entanto, como mencionado anteriormente, a compreensão não termina aqui, pois os leitores precisam desenvolver uma representação mental do conteúdo do texto para o qual utilizam tanto o conhecimento prévio sobre o conteúdo como a informação oferecida por ele. O resultado do processamento desta representação pode ser semelhante a que se segue:

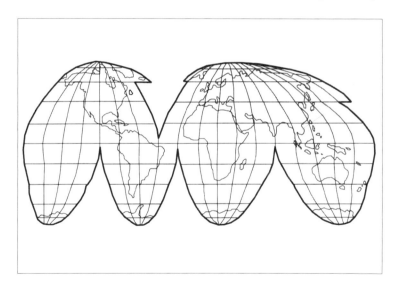

O caminho que acabamos de descrever ocorre quando o processamento da informação do texto que o leitor elabora é feita de maneira adequada. No entanto, sabemos que falhas de compreensão são passíveis de ocorrer nas etapas desse processo. Os motivos para isso são vários. O leitor pode ter problemas com a decodificação, pode não realizar o processo sintático por não saber estabelecer relações de coerência entre as frases do texto, dentre outros motivos. Assim sendo, podemos inferir que a natureza dos diferentes lapsos de compreensão precisa ser identificada para que o professor possa contribuir para modificar essa situação.

Neste livro, desenhamos e validamos um programa de formação destinado a identificar e colaborar para a superação de possíveis problemas na compreensão de textos. Continuando, vamos situar o nível de processamento em que o leitor estabelece relações de importância das informações textuais, bem como analisar estratégias que contribuem para a sua identificação.

Um dos pressupostos teóricos sobre o processo de identificação das informações que realiza o leitor foi proposto por Van Dijk e Kintsch (1983). De acordo com ele, podemos situar a compreensão das ideias principais, no nível semântico do processamento do discurso, ou seja, quando, tendo concluído as estratégias voltadas para a análise sintática, o leitor processa o texto em unidades de significado (proposições) e estabelece relações de subordinação entre as mesmas. Para estabelecer este tipo de **relações hierárquicas** o leitor aplica um conjunto de regras sobre o que é chamado de "base proposicional" do texto. **Estas regras são basicamente as três descritas a seguir:**

1) Supressão: remove toda a informação redundante. Por exemplo, se o leitor lê o seguinte parágrafo: "Minha irmã é uma excelente atleta. Joga bem o basquete. É uma excelente nadadora e uma excelente jogadora de tênis", a aplicação desta regra deixaria apenas a primeira frase "Minha irmã é uma excelente atleta", uma vez que as frases restantes incluem apenas exemplos.

2) Generalização: substitui uma série de proposições que são exemplos de um conceito mais geral por uma proposição geral. Por exemplo, se o leitor lê o seguinte parágrafo: "Meu avô faz alguns doces maravilhosos, além de cozinhar muito bem a carne e dá um toque especial ao peixe", aplicando-se a regra de generalização, o leitor pode inferir que "meu avô é um bom cozinheiro". Na verdade, o que se faz é substituir as proposições que são exemplos do conceito (doces maravilhosos, cozinhar bem, carne e peixe) por uma proposição que se refere a um conceito mais geral (ser um bom cozinheiro).

3) Construção-integração: consiste em substituir um conjunto de proposições por suas consequências. Diz-se que é uma regra de integração quando a proposição que expressa a consequência está embasada explicitamente no texto, e o leitor tem apenas que selecioná-la. Uma regra é de construção quando não está explícita no texto e o leitor deve inferir a consequência. Por exemplo, na seguinte frase: "João é mais alto do que Pedro e Pedro é mais alto do que Luís", a aplicação da regra da integração, o leitor pode inferir que João é o mais alto. Se a última proposição tivesse sido explicitamente afirmada, o sujeito, para reconhecer que esta é a conclusão lógica estaria aplicando uma regra de construção.

Estas regras, cuja função é substituir um conjunto de proposições por outra mais geral, são recursivas, ou seja, podem ser aplicadas uma e mais vezes na base propositiva do texto. O resultado é uma estrutura hierárquica de muitos níveis que oportuniza uma organização mais adequada ao significado do discurso. Para elaborar essa estrutura hierárquica o leitor não utiliza apenas essas regras, mas utiliza também determinadas palavras que funcionam como marcadores da importância das frases. Além disso, faz uso também de seus conhecimentos tanto em relação a estrutura textual quanto ao conteúdo abordado.

2 Estratégias utilizadas no programa e o conceito de ideia principal do qual se parte

Uma vez que, teoricamente, foi demonstrado que a identificação da informação mais importante do texto é influenciada pela utilização das regras, pelo uso de palavras que funcionam como marcadores e também pelo conhecimento da estrutura e do conteúdo do texto, incluímos algumas destas variáveis como estratégias nesse programa de formação. As estratégias que utilizamos são:

a) Ativação do conhecimento prévio: trabalhada como uma atividade prévia à leitura. Demonstra-se para o professor como pode ativar o conhecimento prévio de seus alunos, tanto em relação ao tema do texto como quanto aos conceitos mais importantes e ao vocabulário específico incluído nele.

b) Identificação da estrutura do texto: a estrutura do texto é a forma como o autor organiza suas ideias e determina, em grande parte, no que constitui a ideia principal do texto. Por exemplo, se a estrutura predominante em um texto é de causa-efeito, a ideia principal deve conter essa informação. Na literatura foram identificadas, além da estrutura narrativa, estruturas prototípicas de textos expositivos, como a estrutura causal, generalização, classificação, comparação-contraste, problema-solução, sequência e argumentação. A pesquisa feita sobre o tema mostrou que o conhecimento e o uso da estrutura do texto facilitam a compreensão e a recordação das principais ideias. Nesse programa propomos também o conhecimento e utilização de marcadores (geralmente conectivos que aparecem de modo prototípico para as diferentes estruturas) como uma estratégia para identificar a estrutura do texto e a ideia principal.

c) Representação hierárquica de ideias do texto: um pré-requisito para determinar qual é a ideia mais importante de um texto é o estabelecimento de relações de importância entre as diferentes ideias colocadas nele. Geralmente, o conhecimento da estrutura do texto ajuda no estabelecimento dessas relações hierárquicas. Esta é a razão para que, além de trabalhar o reconhecimento de diferentes estruturas de texto, o programa também trabalha com as representações hierárquicas que essas estruturas implicam. O resultado é uma representação hierárquica de diferentes níveis de importância (cf. Figura 1) que nos ajuda a identificar a ideia principal do texto.

d) Produção textual: utilizamos como uma estratégia de apoio que, mesmo sem afetar o processo de compreensão, serve para consolidar o processo de aprendizagem das diferentes estruturas textuais. Quando os sujeitos precisam produzir um texto, utilizam diferentes estruturas de texto para expressar diferentes objetivos. Elaborar um texto contribui para a percepção de que se pode usar diferentes estruturas em função da sua intenção comunicativa. A consciência disso pode contribuir para que entenda, como leitor, a necessidade de utilizar a estrutura textual para identificar a informação mais importante que se pretende transmitir com o texto.

Essas estratégias são trabalhadas no programa de forma sequencial. Dado um texto, inicia-se ativando o conhecimento prévio (sobre o tema, conceitos e vocabulário) necessários para a compreensão adequada. Posteriormente se trabalha conjuntamente a estrutura textual e a representação hierárquica das ideias. Tendo em conta tanto a estrutura como a representação, trabalha-se com a identificação da ideia principal e após são propostas atividades de produção textual utilizando a estrutura do texto.

Em relação ao **conceito de ideia principal**, nesse programa, de acordo com as proposições teóricas, parte-se do pressuposto de que **essa está determinada pela estrutura do texto e deve conter dois tipos principais de informação: o tema do texto e o que o autor enfatiza sobre ele.** A informação que deve conter o tema se identifica respondendo à pergunta: De que trata o texto? Quanto a ênfase que o autor dá ao tema, a que aspecto do tema o texto se refere, identifica-se através da estrutura predominante do texto. Por exemplo, se o texto tem uma estrutura causal, sua ideia principal será o tema + o conjunto de causas e efeitos.

3 Estrutura do programa

O objetivo fundamental desse programa é propor uma alternativa de formação de professores na perspectiva de abordagem da compreensão das ideias principais e desta maneira favorecer a compreensão e a aprendizagem dos alunos. O programa está direcionado a professores de qualquer área de especialização, considerando que as estratégias nele trabalhadas não são específicas de áreas definidas, já que a compreensão leitora perpassa todos os componentes curriculares.

Além disso, essa proposta tem diferenciais importantes em relação a outros programas de intervenção:

1) É um programa cujo objetivo é direcionado para os professores, não se aplica diretamente aos alunos, mas são os professores, através das aprendizagens que o programa possibilita, que podem traçar suas estratégias de intervenção didática baseando-se no que tiverem aprendido.

2) Utiliza textos curriculares não adaptados e que estão pensados para que os professores os apliquem em aulas normais e não com grupos reduzidos de pessoas.

3) A introdução de uma estratégia como a representação hierárquica das ideias supõe uma novidade que ainda não foi utilizada em outros programas de instrução.

4) A proposta é o trabalho conjunto de todas as estratégias mencionadas, quando, até o momento, na maioria dos programas elas eram trabalhadas de modo independente.

5) Aborda as cinco estruturas expositivas básicas, mas também foram incluídas mais quatro que aparecem com frequência nos livros didáticos. As estruturas textuais abordadas são: generalização, enumeração, classificação, comparação-contraste, causa-efeito, problema-solução, sequencial, argumentação e narração.

6) Pretende oferecer aos professores conhecimentos sobre determinado conjunto de estratégias e mostrar-lhes como é possível regular e autocontrolar sua prática. Para alcançar esse objetivo a aplicação das estratégias propostas é descrita, analisada e supervisionada.

Em síntese, trata-se de um programa cuja característica fundamental é a contextualização, pois são os próprios professores participantes que aplicam o programa no contexto de suas aulas e com textos escolhidos por eles.

Em relação ao seu conteúdo, o programa está organizado em dez módulos:

- Módulo 1: consiste em uma introdução à compreensão leitora e aos fatores que influenciam nos processos de compreensão de informações importantes e na produção de textos.

- Módulo 2: está dedicado à ativação do conhecimento prévio. Seus objetivos são ensinar aos professores a identificar o tipo de conhecimento prévio que é necessário ativar para cada tipo de texto, as estratégias que podem utilizar para isso, como e quando utilizar essas estratégias.

- Módulo 3: consiste em uma aproximação aos conceitos de ideia principal, estrutura do texto e ao método de ensino direto. Nesse módulo se pretende que os professores se conscientizem dos equívocos que giram em torno do conceito de ideia principal, e, como consequência, da importância da identificação da estrutura do texto como critério objetivo de relevância textual. Finalmente, se apresentam também os diferentes tipos de estruturas textuais, seus sinalizadores e as fases do método de ensino direto.

- Módulos 4, 5, 6, 7, 8: consistem na aproximação das diferentes estruturas textuais. Neles se pretende que os professores aprendam a utilizar o método de ensino direto para ensinar seus alunos a identificar a estrutura de um determinado tipo de texto, a representar hierarquicamente suas ideias, a localizar a ideia principal e a produzir textos com propósitos específicos.

- Módulo 9: consiste na aproximação aos princípios que devem orientar a avaliação da identificação das ideias principais.

- Módulo 10: consiste no planejamento de uma aula na qual os professores precisam utilizar tanto as estratégias aprendidas como o método de formação utilizado.

4 Método de formação utilizado no programa

O método da formação é o de instrução direta na formulação proposta por Baumann (1986), de acordo com o qual, a instrução das ideias principais deveria passar por quatro fases: explicação verbal, exemplificação verbal, prática orientada e prática independente.

Na fase de explicação verbal se ensinam conceitos, se explicita o que deve ser aprendido (p. ex., o que é uma ideia principal) utilizando metáforas, definições e exemplos. Além disso, nessa fase se deve informar para que é útil o conhecimento das estratégias implicadas no processo e especificar as regras relacionadas na resolução de um determinado problema (nesse caso, a identificação das ideias principais). Essa fase corresponde ao ensino do conhecimento declarativo.

Na fase de exemplificação verbal se ensina aos leitores como utilizar as regras para alcançar um determinado objetivo, como resolver um problema de compreensão específico. Ou seja, tornam-se explícitas as estratégias mentais implicadas no processo de identificação das ideias principais, como utilizar as regras explicadas na fase anterior no contexto de um texto determinado. Portanto, essa fase se desenvolve com os professores descrevendo seu próprio processo de pensamento quando usam as estratégias, para que assim se torne explícito ao aluno o processo mental implicado, com um leitor experiente exemplificando o processo de raciocínio que utiliza durante a leitura.

Além disso, a exemplificação verbal também é uma forma de oferecer ao sujeito um controle metacognitivo sobre o uso das estratégias ensinadas, desde que se informe explicitamente a necessidade de desenvolver de modo consciente essas estratégias e reconhecer quando é necessário o uso de um procedimento determinado e quais as táticas do seu repertório seriam mais adequadas para um problema concreto em uma situação determinada. Enquanto recebem os exemplos, os sujeitos reestruturam a informação em articulação com seus conhecimentos prévios e definidas regras de atuação.

Depois dessa fase, os professores necessitam oferecer informações adicionais destinadas a direcionar paulatinamente seus alunos para a construção da representação desejada do texto, fase denominada como prática orientada. Essa atividade demanda que os professores avaliem processualmente a compreensão de seus alunos oferecendo retroalimentação, proporcionando pistas oportunas, orientando a atenção dos alunos em direção aos aspectos que se consideram relevantes na tarefa. Nesta fase, os professores devem ir diminuindo a quantidade de ajuda, oportunizando um aumento da responsabilidade por parte do aluno sobre seu processo de compreensão, crescimento gradual de independência, que se encaminhará para a fase de prática independente, na qual o sujeito coloca em prática as estratégias aprendidas sem a ajuda do professor.

5 Efetividade do programa

Esse programa de formação de professores em estratégias de compreensão das ideias principais foi validado empiricamente com uma amostra de vinte e seis professores dos anos finais da educação básica das áreas de Ciências Sociais, Naturais e de Linguagem e com quinhentos e noventa alunos (CARRIEDO, 1992; CARRIEDO & ALONSO TAPIA, 1994).

O objetivo da validação foi para comprovar se o programa era uma ferramenta útil de formação de professores, ou seja, se os professores melhoravam sua atuação depois de cursarem a formação, e se a mudança se traduzia em melhorias no rendimento dos alunos em relação a compreensão das ideias principais.

Os resultados obtidos foram plenamente satisfatórios tanto em relação aos professores como aos alunos. Eles mostraram que os professores participantes tinham um conceito mais definido do que constitui a ideia principal de um texto, sabiam o procedimento para representar o texto e como ensinar esse processo a seus alunos. Diferenciavam as distintas estruturas textuais e utilizavam o método de orientação direta para ensinar as estratégias descritas. Além disso, os professores participantes utilizaram as estratégias e o método de orientação nas suas aulas e conseguiram que seus alunos melhorassem na representação hierárquica das ideias do texto, no conhecimento das estratégias e na compreensão das ideias principais.

Programa de formação
de professores

Módulo 1
Fatores que influenciam no processo de compreensão e de produção textual

1 Objetivos

a) Compreender em que consiste o processo de compreensão e de produção textual.

b) Compreender que fatores influenciam em ambos os processos.

2 O processo de compreensão leitora

Neste módulo vamos fazer uma aproximação ao problema de compreensão leitora a partir de nossa experiência como educadores. Nós, como resultado de nosso trabalho, partimos de algumas ideias sobre o processo de compreensão de um texto e sobre os fatores que nele influenciam. Pois bem, a seguir vamos expor nossas ideias sobre a compreensão leitora para depois compará-las com o que os teóricos dizem sobre o tema.

- De que depende a compreensão de um texto?

   (O professor solicita as opiniões dos participantes. Algumas podem ser como as seguintes.)

   - Compreender é conhecer o significado do vocabulário contido no texto.

- É o produto final de uma decodificação adequada.
- Depende do objetivo do autor.
- Depende do conhecimento prévio do leitor sobre o tema.

(Se algumas dessas opiniões não surgirem, podem ser sugeridas pelo professor formador.)

Como podemos observar, existem diferentes opiniões sobre a natureza do processo de compreensão, porém, sem refletir detidamente sobre cada uma delas, percebemos que podem se distribuir em dois grandes grupos:

a) As que põem a ênfase no leitor e suas características.

b) As que põem a ênfase nas características do texto.

Vamos olhar as respostas fornecidas pelo grupo e considerando os dois grandes grupos que acabo de mencionar, vamos distribuí-las:

Características do leitor	Características do texto
- Propósito. - Conhecimento sobre o tema. - Supervisão da compreensão e estratégias para solucionar falhas.	- Estrutura do texto. - Vocabulário utilizado.

• Existe alguma outra possibilidade? Existe alguma peculiaridade da compreensão que não se possa classificar nos dois grupos mencionados?

• O que influencia mais na compreensão: as características do leitor ou as do texto?

(O professor solicita as opiniões dos participantes. Independente das respostas, continua com um exemplo.)

Vejamos um exemplo. Por favor, leiam o seguinte texto:

> **1.1**
>
> "Quando Hugo saiu à rua, viu ao longe que seus companheiros se aproximavam; então entrou correndo em sua casa para buscar sua bola."

Depois de ler esse fragmento, todos realizamos uma interpretação da história. Provavelmente Hugo é uma criança que, ao perceber que seus amigos vêm pela rua, corre para buscar a bola para jogar com eles. Essa é uma das possíveis interpretações do texto, mas não a única. Também se poderia pensar que Hugo entrou correndo em casa porque não queria que seus companheiros o vissem.

Essa é uma ideia melhor respaldada se a palavra "bola" for substituída pela palavra "pistola". Por favor, leiam de novo o texto, fazendo essa substituição.

Podemos seguir pensando que Hugo é uma criança e que o que deseja é brincar com seus amigos? Percebemos que apenas trocando uma palavra do texto, mudou toda a inferência que nós havíamos feito sobre ele. Então... do que depende que se elabore uma interpretação ou outra? Das características do leitor? (Propósito, conhecimento prévio); do vocabulário? Da estrutura do texto?

Provavelmente de nenhum desses de modo separado, e sim de sua integração se considerarmos que "a compreensão é o processo pelo qual o leitor constrói o significado interagindo com o texto". A compreensão que o leitor realiza durante a leitura provém de suas experiências acumuladas, que se ativam quando o leitor decodifica as palavras, as frases, os parágrafos e as ideias do autor.

A interação entre o leitor e o texto é a base da compreensão. Nesse processo, o leitor relaciona a informação proporcionada pelo autor com aquela que tem armazenada em seu cérebro e a partir disso faz inferências sobre o texto.

Portanto, para compreender o texto escrito, do que o leitor deve ser capaz?

(O professor solicita aos participantes que resumam o que já foi falado até agora. Depois, sintetiza as opiniões em relação aos seguintes pontos...)

a) De compreender que a organização e a estrutura das ideias em um texto têm a ver com o que o autor quer comunicar.

b) De relacionar as ideias do texto com ideias armazenadas no cérebro.

3 O processo de produção textual

Bom, agora vamos pensar sobre o processo de produção textual. Quais são suas características e que fatores influenciam? Para determinar isso, vou solicitar que escrevam três parágrafos de cinco linhas sobre "o sol", considerando que cada parágrafo será direcionado a uma audiência diferente. Pensemos, por exemplo, que um dos parágrafos será para uma aula de Ciências Naturais da educação básica, o segundo para um grupo de professores que assistem uma conferência literária, e o terceiro a um grupo de professores que assistem a uma conferência científica.

(Divide a classe em três grupos e cada um deles se encarrega de uma das tarefas. Concede quinze minutos para que elaborem o texto. A seguir cada grupo escreve no quadro seu parágrafo ou leem para os outros participantes.)

Agora releiam atentamente os textos que escreveram. Descrevam o processo que desenvolveram.

(Escutam as opiniões dos participantes, esses listam os processos descritos e continuam como descrito a seguir.)

Como vimos, para produzir um texto não é suficiente escolher o tema que se deseja comunicar, todos tínhamos o mesmo tema: o sol e os textos que produzimos são diferentes, não apenas em relação à forma, mas também em relação ao conteúdo.

Portanto, para escrever sobre algo não é suficiente saber o que vamos escrever, mas também para quem. Percebemos, pois, que *saber a quem está direcionado o texto nos leva a selecionar o que dizer*, pois o conhecimento de um adulto sobre o tema não seria o mesmo de uma criança.

No entanto, e como vimos antes, também é importante saber o *para que* queremos comunicar algo, já que a intencionalidade com que escrevemos nos conduz a selecionar o que *de fato dizemos e como o fazemos.*

Além disso, os conteúdos que introduzimos no texto também dependem do *conhecimento prévio que o escritor possui sobre o tema.*

Como conclusão, podemos afirmar que na produção de um texto intervém um conjunto de fatores que se articulam em função de uma determinada intenção comunicativa. Graficamente, poderíamos representar do seguinte modo:

- AUDIÊNCIA (para quem)
- INTENÇÃO (para que) → que posso dizer, como digo
- CONHECIMENTO PRÉVIO
- TEMA

Em resumo, produzir um texto implica, antes de começar a escrevê-lo, saber para quem está direcionado, qual a intenção do que se quer transmitir, e conhecer os conteúdos que se quer comunicar. A consideração desses fatores vai determinar tanto o que de fato se escreve como a forma de fazê-lo. O leitor, por sua parte, ao ler o texto deverá considerar esses fatores para compreendê-lo na totalidade. Como consequência, o autor deve ter em conta o leitor enquanto escreve o texto, e o leitor deve considerar o que pretende transmitir o autor, para compreender o texto. Isto faz com que os processos de compreensão e elaboração sejam paralelos. A seguir veremos como se relacionam.

4 Relação entre os processos de compreensão leitora e de produção textual

4.1 Intencionalidade da escrita

Hoje vamos aprofundar na relação entre leitura e escrita. Para isso vamos, em primeiro lugar, realizar uma tarefa sobre a qual vamos produzir pensamentos.

(O professor divide a classe em dois grupos. Ambos têm que compor um texto sobre "a energia solar". O tema é, pois, igual para os dois, porém muda a intencionalidade: o primeiro grupo tem que escrever um texto com a intenção descritiva e o segundo necessita fazer com uma intenção persuasiva que faça com que o leitor veja a conveniência ou não da utilização desse tipo de energia. Após a produção dos textos, os grupos trocam os textos entre si, analisam e expõem a todos da classe. O professor solicita aos participantes que comparem os dois textos para que percebam que os produtos finais são diferentes. Solicita também que digam qual é a ideia principal de cada um dos fragmentos e que comparem as duas ideias principais. Depois continua, como a seguir.)

Como vimos nesse exercício, variando a intencionalidade com que se escreve um texto, não apenas muda o produto final, como também a ideia principal que o leitor aponta no texto. Nós mesmos comprovamos que os dois textos possuem ideias principais diferentes.

(Ele retoma com os participantes as ideias principais que identificaram, ideias que correspondem aos textos que produziram. Depois continua como segue.)

Esses fatos nos fazem pensar que a intencionalidade do autor deve condicionar ou orientar a intenção ou o propósito com o qual o leitor se depara com o texto, portanto comprovamos que, quando lemos com o objetivo de compreender o que o autor pretendeu comunicar, de desvelar qual a sua intenção, as informações consideradas relevantes podem variar.

4.2 Objetivo da leitura

O objetivo com que o leitor aborda o texto é um fator relacionado com a intencionalidade na escrita. Pode ser que o leitor tenha os conhecimentos prévios necessários para compreender a mensagem do autor, mas no momento da leitura parta de pressupostos inadequados, e isto dificulte sua compreensão, já que o objetivo com que lê o orientará a priorizar um tipo de informação e não outra.

Vejamos o exemplo a seguir.

1.2 As migrações

As migrações são os deslocamentos periódicos realizados por certos grupos de animais em busca de alimentos. As aves, os peixes e os insetos são animais que emigram. O deslocamento maior é o da andorinha do mar, que voa desde o Ártico para o Antártico, percorrendo mais de 20.000km. O salmão, que nasce nas fontes dos rios, desce por eles até o mar, em busca de alimentos, e volta a subir a corrente de água para criar sua família. Os espanhóis descendem de uma série de povos emigrantes.

Bem, agora vamos tentar ver como pode variar o que o leitor pensa que é essencial na leitura e como a variação depende do objetivo que o leitor tenha. Por favor, releiam o texto e procurem responder as seguintes perguntas:

1) Uma criança que esteja acostumada a ler, o que responderia se questionada sobre o que considerou mais importante no texto?

(O professor solicita as opiniões dos participantes que tenham a ver com "detalhes". Se não há respostas, sugere-se... "não seria mais esperado que se fixassem em detalhes-inusitados, surpreendentes, curiosos...")

Poderíamos supor que essas crianças se fixariam nos detalhes que se referem ao salmão ou relacionados aos povos espanhóis.

2) E se as crianças fossem questionadas sobre os fatos mais surpreendentes do texto?

Provavelmente seria a distância percorrida pela gaivota do mar.

3) E se fossem questionadas sobre o que o autor tem a intenção de comunicar nesse texto?

Provavelmente enfatizariam as características das migrações.

Vemos assim que, mesmo que o leitor tenha os conhecimentos prévios adequados, a construção do significado do texto que ele vai elaborar depende do objetivo com o qual ele lê. O propósito da leitura determina que a atenção do sujeito se concentre em algumas partes do texto, e não em outras.

Como vimos anteriormente, no processo de elaboração, o escritor tem também um objetivo com a escrita e começa a pensar sobre o que sabe ou necessita saber sobre o tema antes de iniciar o texto, quer dizer, novamente estamos frente a uma convergência entre a compreensão e a elaboração: os objetivos para a leitura e para a escrita servem como organizadores dos dois processos.

4.3 Conhecimento prévio na leitura

> **1.3**
>
> "Em certo sentido, ir à lua é o mesmo que construir as Pirâmides ou o Palácio de Luís XIV em Versalhes. Quando a tantos seres humanos lhes faltam coisas mais indispensáveis, fazer algo assim parece escandaloso. Se temos inteligência suficiente para ir à lua, por que manejamos de forma tão insensível os problemas da Terra?"

• Qual é a ideia principal desse texto?

(O professor solicita a opinião dos participantes e depois segue.)

Todos estamos de acordo que é algo parecido a "é melhor que o ser humano utilize sua inteligência e seus recursos ajudando as pessoas necessitadas do que realizando façanhas como ir à lua, o que de certo modo é um desperdício..."

· Bem, e como chegamos a essa ideia principal?

(O professor solicita as opiniões dos participantes, especialmente as que fizerem referência à interação entre o que está escrito no texto e o conhecimento prévio do leitor, e depois continua como a seguir.)

· Que tipos de conhecimentos são necessários para compreender adequadamente este texto?

(Sintetiza as opiniões dos participantes, encaminhando para os três aspectos a seguir.)

1) Conhecimento sobre o esforço e o gasto que têm as obras arquitetônicas.

2) Conhecimento sobre o improdutivo que são esses gastos.

3) Conhecimento que a solução dos problemas da Terra requer inteligência e recursos.

Bem, como acabamos de ver, se não tivéssemos mobilizado nosso conhecimento prévio sobre o que significa, do ponto de vista econômico, a construção de grandes obras arquitetônicas ou a realização de façanhas prodigiosas, provavelmente não haveríamos encontrado a relação que existe entre as Pirâmides, o Palácio de Versalhes, a chegada à lua, com as pessoas necessitadas. Que aconteceria se não tivéssemos conhecimento do desperdício dessas obras ou se pensássemos que elas são produtivas? Teríamos compreendido o texto?

Como podemos comprovar na prática, o fato de ter esse tipo de conhecimento ou necessitar deles, condiciona a compreensão que se realiza do texto, porque a ideia principal que se encontra não é a mesma no caso de utilizar uns conhecimentos e outros.

4.4 Conhecimentos prévios na produção textual

Como é possível deduzir do que acabamos de expor, o autor, além de conhecer o vocabulário e ter o conhecimento prévio adequado, precisa considerar também os conhecimentos prévios do leitor. Retornemos por um momento ao texto da lua... e dos conhecimentos que concluímos serem necessários para compreendê-lo.

(O professor estipula um tempo para que os participantes releiam o texto e listem mentalmente os conhecimentos que consideraram necessários para compreendê-lo. Depois continua como indicado a seguir.)

• Se pensássemos que o leitor não tem esse tipo de conhecimento, como poderíamos modificar o texto da lua?

(O professor coleta as opiniões dos participantes e enfatiza aquelas que apoiam a ideia de que o texto teria que ser mais descritivo e explicar mais diretamente aquilo que o autor tem a intenção de comunicar. A seguir continua.)

Bem, vimos como o autor ao elaborar um texto tem que contar também com os conhecimentos prévios do leitor porque, se não, seu texto pode não ser compreendido. Uma vez mais, comprovamos que o público para quem o texto está direcionado determina não apenas o que o autor diz, mas como diz.

Percebemos que os dois processos, compreensão e elaboração, dependem do conhecimento e da experiência que se tenha sobre o tema. Essa combinação do conhecimento prévio e da intencionalidade para dotar o texto de sua função comunicativa é algo que se pode aprender? Que implicações tem isso para o ensino?

(O grupo escuta as opiniões dos participantes e o professor enfatiza aquelas que vão em direção de apoiar um ensino conjunto de ambos os processos: leitura e escrita.)

4.5 Estrutura do texto

Dependendo do seu objetivo inicial, o escritor organizará suas ideias de uma forma ou de outra. Ou seja, a organização que o autor desenvolve para as ideias do texto não será a mesma se o que pretender for contar uma história, argumentar uma ideia, ou descrever um fato. Pois bem, a organização das ideias de um texto é o que denominamos estrutura do texto. Essa estrutura é um recurso que o autor possui para compor o texto e que também pode e deve ser utilizado pelo leitor para construir o significado do que lê.

Vamos analisar um exemplo disso com um texto. Por favor, leiam atentamente o seguinte fragmento:

1.4 O atraso econômico da Espanha

"Ao final do século XIX a Espanha apresentava um atraso econômico evidente em relação às economias da Europa Ocidental. Até 1930, a Espanha era um país predominantemente agrícola, com a industrialização quase nula e um comércio escassamente desenvolvido. A agricultura, pouco mecanizada, oferecia baixos rendimentos e um retorno pouco significativo. A indústria carecia de produtos básicos e de fontes de energia. A retribuição do trabalho, mesmo que superior à oferecida pela agricultura, era muito inferior à oferecida pela indústria europeia. O comércio, pouco importante, apresentava uma composição peculiar: enquanto as importações (matérias-primas, combustíveis, meios de produção) eram imprescindíveis, as exportações (especialmente de produtos alimentícios) não eram essenciais para os países compradores."

• Qual é a ideia principal deste texto?

(O grupo escuta as opiniões dos participantes e o professor enfatiza as ideias que vão na direção adequada.)

Bem, estamos de acordo que a ideia principal é algo como: "Ao final do século XIX a Espanha apresentava atraso na indústria, na agricultura e no comércio em relação aos outros países da Europa".

Nessa ideia principal se percebe que há um elemento de contraste, o texto compara a Espanha com o resto dos países europeus em distintos aspectos. Pois bem, identificar o elemento de contraste (p. ex.: a expressão *com relação a*) é fundamental para a compreensão deste texto. Isso é possível de perceber mais claramente se suprimimos a primeira frase do texto. Por favor, releiam o texto suprimindo a primeira frase.

(O professor oferece um tempo determinado para que releiam. Depois continua.)

• É possível afirmar que a ideia principal continua sendo a mesma? Qual é a ideia principal nesse caso?

(O grupo escuta as opiniões e o professor enfatiza as ideias dos participantes que vão na direção adequada.)

Nesse caso, estamos de acordo que a ideia principal seria que "até 1930, a Espanha era um país predominantemente agrícola, com uma industrialização quase nula e um comércio escassamente desenvolvido".

Observamos que a ideia principal mudou porque a estrutura do texto mudou. Com a supressão da primeira frase, mudou toda a organização das ideias do texto. Passamos de um texto fundamentalmente comparativo para um texto descritivo. Portanto, comprovamos a importância do conhecimento da estrutura dos textos assim como a identificação dos indícios desta estrutura para determinar o que é relevante para captar a mensagem do autor.

Uma das estratégias que o leitor precisa ter para uma melhor compreensão textual é a capacidade de perceber como o autor organizou ou estruturou as ideias apresentadas no texto e aprender a utilizar a estrutura para antecipar e prever a informação que segue. Para isso, o autor proporciona diferentes tipos de pistas que o leitor deve ser capaz de identificar para compreender o objetivo.

Existem dois tipos básicos de textos: expositivos e narrativos, cada um organizado de maneiras diferentes, utilizando vocabulário e conceitos diversos. No tipo expositivo, existem diferentes tipos de estrutura, a saber: descrição, generalização, enumeração, classificação, causa-efeito, problema-solução, comparação, argumentação e sequência, identificados por pistas conceituais concretas que o leitor deve localizar para captar o que é essencial no texto.

Esse conhecimento da estrutura é um elemento fundamental não apenas para compreender como também para produzir textos, já que quem escreve deve/pode utilizar esse conhecimento como um instrumento a serviço de seu objetivo de comunicação.

Por favor, façam uma leitura rápida dos seguintes textos:

Qual dos dois textos escolheriam para comunicar no que consiste a geodinâmica interna?

1.5 A geodinâmica

"Os fenômenos da geodinâmica interna manifestam-se pela formação da crosta oceânica e de cadeias montanhosas, fundamentalmente por duas causas energéticas: a gravidade, que produz pressões intensas nos materiais, e o calor interno do planeta, que chega a produzir a fusão das rochas em algumas zonas e cria grandes diferenças de temperatura entre um ponto e outro..."

"A geodinâmica é a parte da geologia que estuda a ação das forças naturais sobre a face da terra e os fenômenos que nela se produzem. A geodinâmica é externa ou interna. Frente aos processos externos, os internos atuam a partir do interior da terra, fundamentalmente na superfície."

(O grupo escuta e analisa as opiniões e o professor enfatiza as ideias dos participantes que vão na direção adequada.)

• Fariam alguma modificação nos textos? Que tipo de modificação? Que conseguiríamos com as modificações? O que acontece se não se procedem as modificações?

Com essas perguntas pretendemos que os participantes tomem consciência de como dois textos sobre o mesmo tema, que aparentemente pretendem comunicar o mesmo, podem não o fazer devido as diferentes estruturas de ideias que apresentam e, o que é mais importante, como com sua ação sobre o texto (modificações que foram solicitadas) podem alterar substancialmente a sua intenção comunicativa. O autor, portanto, também deve estar consciente das diversas estruturas do texto para melhorar suas produções.

(O professor do módulo deverá explicitar essa reflexão aos participantes.)

4.6 Revisão e autorregulação do processo de elaboração

Outro fator muito importante é que o autor, considerando o público que deseja alcançar, deve revisar o que escreveu e realizar mudanças quando for necessário. Vejamos como isso pode acontecer na prática.

(O professor solicita aos participantes que elaborem uma produção textual. Especifica que o público são crianças do 2º ano e o objetivo é descrever um fato histórico, como o descobrimento do Brasil. Estipula 15 minutos para que façam. Quando estiverem prontos, solicita que troquem de texto entre si. Após, solicita que leiam os textos dos colegas e que os analisem de acordo com as seguintes pautas:

- Assinalar as partes do texto que tenham ficado pouco claras e especificar por quê.

- Sugerir mudanças que considerem pertinentes no texto.

- Analisar se algum exemplo poderia ajudar na compreensão dos conteúdos.

Uma vez realizada essa tarefa, cada um dos participantes recebe seu texto de volta e é convidado a refletir sobre as contribuições realizadas.)

Bem, cada um de vocês recebeu sua produção textual com uma série de sugestões para contribuir na compreensão de quem ler o texto. Neste caso, foram seus companheiros que revisaram, mas o importante é perceber a relevância do processo de supervisão das nossas elaborações escritas. Sua tarefa como educadores não se reduz a apenas mostrar para o aluno como elaborar um texto, mas também que ele seja capaz de fazer uma revisão crítica do seu texto, para facilitar a compreensão do leitor.

4.7 *Revisão e autorregulação do processo de compreensão*

Leiam, por favor, o texto a seguir:

1.6 A fluorescência

"A fluorescência é a propriedade de alguns corpos que, ao receber os raios luminosos os devolvem de outra cor, geralmente de maior longitude de onda. Todos os gases são fluorescentes em uma determinada frequência, e os raios X, os cátodos e os ultravioletas podem tornar-se visíveis ao incidir sobre substâncias fluorescentes, o que ocorre com as telas dos aparelhos de raios X e com os tubos dos osciloscópios e dos aparelhos de televisão."

· Qual é a ideia principal deste texto?
(O grupo ouve as opiniões e o professor enfatiza as ideias dos participantes que vão na direção adequada.)

· Quantos de vocês tiveram que reler o texto para identificar a ideia principal?

Pois bem, um fator importante e que influencia na compreensão é que o aluno seja capaz de revisar e autorregular seu próprio processo de compreensão/elaboração, que seja capaz de utilizar estratégias destinadas a prevenir possíveis falhas de compreensão. Um bom leitor/escritor precisa revisar constantemente se o que está lendo ou escrevendo tem sentido e tratar de esclarecer pontos obscuros.

Essas habilidades e processos podem e devem ser ensinados sistematicamente ao longo da educação básica, enfatizando o tipo de habilidade a utilizar em cada momento (não é sempre a mesma, depende do tipo de falha) e tentando encaminhar para que o aluno assuma o controle de seu próprio processo.

Uma vez revisados os processos de compreensão e elaboração, bem como os fatores que influenciam, alguém pode resumir o que abordamos até aqui?

(O professor solicita que os participantes listem as ideias, elaborando uma lista com elas. Se faltar algum item ele complementa.)

• Acreditam que os alunos de 11 a 13 anos são conscientes desses aspectos? Que implicações pedagógicas essa consciência pode ter?

(Solicita que reflitam sobre as implicações pedagógicas. A seguir apresenta o resumo de algumas implicações.)

Slides-síntese

Princípios para orientar o ensino da compreensão leitora e da produção textual

a) Ensinar a ativar e desenvolver os conhecimentos prévios do leitor em relação a informação que vai aparecer no texto ou com relação ao tema sobre o qual necessita produzir um texto.

b) Familiarizar os alunos com os diferentes tipos de estrutura de textos, para desse modo orientar sua atenção para a informação relevante, como também para construir o significado do texto, ou para quando tenha que estruturar suas ideias em função de alguma intenção comunicativa.

c) Contribuir para a percepção por parte dos alunos de seus próprios processos de compreensão e elaboração, de maneira que sejam capazes de revisá-los e autorregulá-los. Para tal é preciso mostrar-lhes as estratégias necessárias, assim como explicitar suas utilidades. O ensino dessas estratégias deve acontecer através de textos socialmente utilizados e não de modo isolado.

MÓDULO 2
Ativação do conhecimento prévio

1 Objetivos

1.1 Determinar que tipos de conhecimento prévio é necessário ativar para cada tipo de texto, no contexto do ensino curricular.

1.2 Determinar quais estratégias relacionadas com a ativação do conhecimento prévio se pode utilizar para ajudar os alunos a mobilizar seus conhecimentos sobre o tema, quando se defrontam com um texto.

1.3 Auxiliar os alunos a decidir quando e como utilizar essas estratégias.

2 Introdução

No módulo anterior vimos que o conhecimento que o leitor possui sobre o tema que necessita ler ou escrever está diretamente relacionado com a compreensão que fará do texto ou com o resultado de uma elaboração textual. Além disso, existem estudos que demonstraram que existe uma relação causal entre esses dois aspectos: conhecimento prévio e capacidade para compreender/produzir um texto.

Pois bem, em nossa experiência como educadores, nos encontramos com o problema de decidir que tipo de conhecimento prévio deve ser ativado para ler ou para escrever um texto concreto, já que o tipo de conhecimento necessário para afrontar uma tarefa de compreensão ou produção varia de um texto para o outro.

· Como vocês fariam este tipo de tarefa?

(O grupo ouve as opiniões dos participantes, mas o professor não comenta. Depois continua como a seguir.)

Por favor, leiam o seguinte texto dirigido a crianças do 6º ano da educação básica.

2.1 O relevo da Península Ibérica

A Península Ibérica, no ocidente europeu, apresenta uma significativa originalidade física com relação à Europa. Perfila-se como um pequeno continente ao mesmo tempo uniforme e variado. A unidade interna está determinada pela existência de um núcleo central de terras que abarca mais de um terço da superfície peninsular, nas quais as características físicas se repetem com bastante uniformidade: planícies monótonas, clima com tendência a continentalidade, solos e vegetação muito semelhantes. Esta unidade central e elevada é a Península por excelência, porém não toda.

A variedade surge no interior mesmo da grande unidade, com as montanhas interiores. Mas o que verdadeiramente torna o conjunto peninsular em um conjunto variado e heterogêneo são as unidades periféricas, alheias ao planalto central: montanhas circundantes, depressões exteriores, planícies litorâneas e costeiras que formam um variado mosaico periférico que destaca a personalidade da Península. Cada uma das unidades está, em grande parte, isolada. Não é fácil a comunicação entre elas nem o acesso até o interior peninsular. Aí se encontra a importância secular dos portos de acesso ao planalto, como *Pajares, Pancorbo* e *Despenhaperros*.

· Depois de ler o texto, respondam: Que conhecimento específico pensam que é necessário para que o aluno compreenda a mensagem central?

(Lista as opiniões no quadro, entre as quais é possível que apareçam as seguintes:)

- Conhecimento sobre o tema sobre o qual se vai ler: Penínsulas ibéricas.

- Compreensão dos conceitos específicos que aparecem no texto.

- Compreensão do vocabulário utilizado no texto.

(Estas são algumas ideias que os professores podem trazer, entre muitas outras. Se as que mencionamos não aparecerem, devem ser sugeridas pelo professor do módulo, já que grande parte da argumentação ao longo do mesmo vai se embasar nelas. Para isso, o professor diz aos participantes: "Estou de acordo com o que sugeriram, mas não lhes parece que também seria necessário o conhecimento do tema...?" Continuando, ele propõe o que segue.)

Como alguém afirmou, é necessário certo conhecimento sobre o tema. Que tipo de conhecimento acreditam ser necessário para compreender esse texto?

(Escutam as opiniões dos participantes, reforçando aquelas que vão ao encontro do que vamos declarar a seguir.)

Evidentemente, o título "O relevo peninsular" indica que o aluno deve saber algo sobre geografia, montanhas, rios. Portanto, sem começar a ler o texto, nós, como professores, podemos fazer uma pequena especulação sobre o que os alunos necessitam saber para captar o significado do mesmo.

Também mencionamos anteriormente que o aluno deve compreender os conceitos específicos do texto. Que conceitos nesse texto pensamos ser relevantes?

(O grupo escuta as opiniões dos participantes, e o professor enfatiza as que vão ao encontro do que vamos declarar a seguir.)

Como dissemos, para compreender o texto é necessário que os alunos conheçam conceitos relacionados à geografia, como "continente", "península", "clima continental", entre outros.

(Esses são alguns conceitos que o professor pode mencionar, além dos que já tenham sido manifestados pelos participantes quando foram questionados.)

Por outro lado, além desses conceitos, vimos anteriormente que os alunos devem conhecer também a terminologia concreta que se associa a eles. Nesse caso, que terminologias vocês pensam estar associadas aos conceitos anteriormente expostos?

(Os participantes manifestam suas opiniões e o professor reforça as que vão em direção ao que vamos declarar a seguir. Exemplos dessas terminologias são planícies litorâneas, planalto central. Sem dúvida, como a terminologia relacionada com os conceitos pode ser bem ampla, é conveniente explicar aos participantes que se trata de esclarecer aquelas que podem ser menos conhecidas dos alunos, ou as que, mesmo sendo mais usuais, sejam indispensáveis para a compreensão no contexto do texto.)

Dessa maneira podemos perceber como os conhecimentos sobre o tema, os conceitos, a terminologia são elementos-chave para realizar uma primeira aproximação ao tema, sempre com o objetivo de auxiliar o leitor a relacionar seus esquemas prévios de maneira que isso possibilite uma melhor compreensão do texto.

Sem dúvida, o tipo de conhecimento a ativar nem sempre é o mesmo, varia de um texto a outro, e, sendo assim, para cada situação de leitura ou de produção textual precisamos decidir que tipo de conhecimento ativar e como fazê-lo.

3 Como decidir que tipo de conhecimento prévio ativar?

O tipo de conhecimento a ativar depende de três fatores fundamentais:

1) Tipo de texto.
2) Objetivo do professor.
3) Conhecimentos dos alunos.

A seguir vamos analisar cada um desses fatores em relação ao texto que vamos ler.

3.1 Tipo de texto

(O professor solicita que os participantes leiam o seguinte texto.)

2.2 A Revolução Francesa

A Revolução Francesa significa a aniquilação do antigo regime, baseado em um rei absoluto que se apoia no clero e na nobreza, para dar entrada em cena a uma nova classe social de comerciantes e profissionais (a burguesia), e montar um sistema moderno com eleições e partidos políticos. Não é uma revolução de operários e camponeses, mas uma revolução da classe média.

Um dos fatos mais dramáticos da Revolução é a execução da Rainha Maria Antonieta, esposa do Rei Luís XVI, na guilhotina. A execução aconteceu em 1793, sob a acusação de traição à França. Maria Antonieta, filha de Maria Teresa de Áustria, havia nascido em Viena. Era uma mulher inculta, frívola e caprichosa, ainda que no processo revolucionário tenha mostrado uma grande força de caráter. Solicitou insistentemente a Viena que atuasse contra os revolucionários. Todo o ódio da revolução se voltou contra ela.

· Quais são os pontos fundamentais deste texto?

(O grupo ouve as opiniões dos participantes. É esperado que apareçam ideias como as que apresentamos a seguir. Se não, sugeri-las através de perguntas: não lhes parece que...)

Bom, parece que estamos de acordo que o autor desenvolve os seguintes pontos fundamentais:

- A Revolução Francesa significa a aniquilação do Antigo Regime.

- A partir da Revolução Francesa foi montado um sistema de eleições e partidos políticos.

- Na Revolução, Maria Antonieta foi mandada para a guilhotina.

Em função dessas ideias, que tipo de conhecimento lhes parece que seria necessário ativar para que o aluno compreendesse o texto?

(O grupo ouve as opiniões dos participantes. Antes o professor relembra os aspectos revisados no texto sobre o relevo peninsular. Se esses aspectos não forem citados, ele pode perguntar diretamente: Que tipos de conhecimentos específicos são necessários? Que conceitos? Que terminologia associada? Depois continua como segue.)

Parece que estamos de acordo que é necessário que sejam ativados os conhecimentos prévios dos alunos em relação aos seguintes aspectos:

- Conhecimentos sobre em que consiste o Antigo Regime.
- Conhecimentos sobre conceitos como classe social, burguesia, absolutismo.
- Vocabulário específico: guilhotina, traição, inculta, frívola, caprichosa etc.

A seguir, por favor, leiam o texto seguinte:

2.3 A assinatura de Maria Antonieta

Maria Antonieta contempla com indescritível terror a pluma que lhe estende uma mão deferente. Enquanto se tratava de desfilar, saudar, e descer escadas com graça, tudo andava às mil maravilhas e todo mundo admirava a facilidade e segurança com que ela cumpria seu papel. Mas, diante dessa folha branca, atrapalha-se e perde sua pompa. Recorda de repente os dias de Viena, na sala de estudos, inclinada sobre seu eterno martírio: as tarefas de caligrafia. Mas ali, o professor indulgente lhe ajudava, às vezes traçando previamente com lápis as letras que ela não precisaria mais do que cobrir com tinta. Aqui não é possível isso. Tem que escrever com sua própria mão em um espaço virgem toda essa série interminável de letras que formam seus quatro nomes e, o que resulta particularmente complicado, fazer as letras do mesmo tamanho. Empunha trêmula sua ferramenta, que não parece querer obedecer-lhe. Seu primeiro nome, "Maria", surge sem incidente. Mas ao chegar ao segundo, a mão fraca faz com que rompa o equilíbrio da linha já iniciada. A catástrofe vem com o terceiro. Desde a primeira letra, a pluma se tranca no papel e surge uma espessa mancha de tinta que cobre a parte superior da maiúscula inicial. Termina por fim, como Deus lhe permite, sua assinatura de escolar pouco aplicada, que destoa entre as onze assinaturas principescas, impecáveis todas elas, que cobrem a ata.

• Neste texto, que pontos fundamentais o autor desenvolve?

(O grupo escuta as opiniões dos participantes. Como é um texto narrativo, é esperado que mencionem aspectos como personagem, cenário, ação e desenlace. O professor lista as opiniões no quadro ao lado das destacadas no texto anterior. Continua como segue.)

Uma vez visto isso, que tipo de conhecimentos deveriam ser ativados para contribuir na compreensão desse tipo de textos?

(O grupo escuta as opiniões dos participantes.)

Bem, acabamos de ler dois textos sobre o mesmo tema: Maria Antonieta e a Revolução Francesa, e depois, em grupo, pensamos que tipo de conhecimento prévio seria necessário ativar em cada caso. Além disso, comprovamos que apesar de tratar sobre o mesmo tema, os conhecimentos necessários são diferentes. Do que depende que tais conhecimentos sejam diferentes?

(O grupo escuta as opiniões dos participantes, o professor enfatiza aquelas que se direcionam para a ideia de que o tipo de texto é o fator fundamental.)

Como acabamos de perceber com os dois textos anteriores, utilizamos diferentes estratégias para decidir quais conhecimentos prévios necessitam ser ativados. No primeiro texto – expositivo – analisamos os pontos fundamentais que o autor desenvolveu, para depois decidir os conhecimentos, conceitos e vocabulário que estavam implicados neles. No segundo texto, ao contrário, por ser um texto narrativo, o tipo de conhecimento que decidimos ativar passou por uma análise da história baseada na estrutura, cenário, personagens, problema, ação, resolução do problema, os conceitos e o vocabulário associado a ela. Podemos perceber, então, como a estrutura do texto que vamos ler é fator importante a considerar quando temos que decidir que conhecimentos ativar. No entanto, não é o único fator, como poderemos ver a seguir.

3.2 O objetivo do professor

Uma vez que tiver lido o texto e extraído os pontos principais, o professor deve informar o que deseja que os alunos aprendam/encontrem do/no texto, pois o objetivo concreto do professor pode diferir dos pontos que o autor considera essenciais. Portanto, de acordo com o objetivo que o professor tiver com a leitura, ele deverá direcionar a atenção dos alunos para os aspectos que mais lhe interessam.

Por favor, leiam o seguinte texto:

2.4 Japão: tradição e modernidade

No Japão coexistem em perfeita harmonia o antigo e o atual, o mundo tradicional e a tecnologia moderna.

Em 1868, quando o primeiro imperador da Dinastia Meiji começou a modernização do país, o Japão iniciou a superação do regime feudal tradicional e adotou em um curto período de tempo as formas de organização política dos países europeus.

Ao acabar a Segunda Guerra Mundial, o Japão iniciou uma nova etapa na sua história e o país desencadeou um processo rápido para superar os destroços causados pela guerra.

Os técnicos japoneses começaram uma pesquisa sistemática da tecnologia ocidental. A opinião existente sobre cópias ou plágios que os japoneses fizeram dos produtos europeus e dos Estados Unidos tem grande parte de verdade. Mas o Japão não se limitou a copiar a tecnologia ocidental, ele também a adaptou a suas necessidades e, em muitos casos, a aperfeiçoou.

Nas fábricas japonesas foram introduzidos robôs que realizam uma variedade de tarefas. Nas linhas de montagem de automóveis, os robôs realizam trabalhos com rendimentos superiores aos operários. Na vida diária, inclusive, a utilização de computadores e de robôs está aumentando rapidamente.

Mas toda essa revolução tecnológica não impede que no Japão permaneçam vivas as suas tradições. A decoração das casas e o cuidado com os jardins seguem tendo para o japonês a mesma importância que em tempos passados, e inclusive muitas tradições que haviam sido esquecidas estão sendo recuperadas.

Bem, depois de lermos o texto, qual é o ponto fundamental desenvolvido pelo seu autor?

(Escutam as opiniões dos participantes, enfatizando as que vamos assinalar a seguir.)

Parece que concordamos que a ideia principal é algo parecido a "No Japão coexistem em perfeita harmonia o antigo e o atual, o mundo tradicional e a tecnologia moderna". Em relação a esse ponto central, e de acordo com o que vimos anteriormente, que conhecimento deveria ser ativado para assegurar a compreensão desse texto?

(Escutam as opiniões dos participantes e o professor lista no quadro. Neste caso, teriam que ser ativados conceitos e conhecimentos específicos como "mundo tradicional", "tecnologia moderna", "regime feudal", "organização política dos países europeus", vocabulário específico: harmonia, robôs, coexistir, plágio, tradição, linha de montagem etc.)

Bem, agora vamos imaginar por um momento que o objetivo do professor em relação a esse texto fosse explicar a seus alunos como a história do Japão mudou depois da Segunda Guerra Mundial. Nesse caso, que conhecimentos seriam necessários para a compreensão desse aspecto?

(Escutam novamente as opiniões dos participantes e o professor as escreve ao lado das outras. É esperado que os conhecimentos específicos, os conceitos e o vocabulário relacionados com esse objetivo sejam diferentes. Nesse caso, espera-se que os participantes mencionem a importância de conceitos como "novas tecnologias", "automação do trabalho", "progresso tecnológico", e de vocabulário específico: "bélico", "guerra", "plágio", e conhecimentos específicos concretos sobre o avanço técnico e econômico do Japão.)

Agora, por favor, olhem o quadro e reflitam sobre o que aconteceu. Por que o tipo de conhecimento que decidimos ativar em cada caso é diferente se partimos do mesmo texto?

(Escutam as opiniões dos participantes, enfatizando as que encaminham para a ideia de que o que variou em cada caso foi o objetivo com que o texto foi lido, que foi orientado pelo professor. Depois, continua como a seguir.)

Muito bem, acabamos de ver que o professor deve ou pode determinar o que deseja que os alunos aprendam com a leitura, e, em função desse objetivo, decidir ativar um tipo de conhecimento ou outro.

3.3 Conhecimentos do leitor

- Até agora vimos que tanto o tipo de texto como o objetivo do professor são fatores que influenciam na determinação do conhecimento prévio a ativar; no entanto, existe mais um fator que influencia: os conhecimentos que o leitor possui sobre o tema que vai ler.

Vamos ver esse aspecto com um novo texto. Por favor, leiam.

2.5 O jogo entre Brasil e Portugal

Pouco mais de 48 horas depois de massacrar o Uruguai, mas só garantir a classificação nos pênaltis, o Brasil viveu o outro lado neste sábado, no Estádio Waikato, em Hamilton. Sentiu o cansaço, tomou pressão de Portugal, viu o adversário perder várias chances claras de gol, mas conseguiu levar o jogo para os pênaltis. E venceu: 3 a 1, assegurando vaga nas semifinais do Mundial Sub-20.

A má pontaria portuguesa fez a diferença. Além das chances desperdiçadas no tempo normal, principalmente na etapa final, e na prorrogação, os lusos perderam três pênaltis: Guzzo, que é brasileiro, errou uma cavadinha, defendida por Jean, e André Silva e Nuno chutaram para fora. Pelo Brasil, Andreas, Danilo e Gabriel Jesus converteram, enquanto Lucão errou sua cobrança.

Nas semifinais, a seleção vai enfrentar Senegal, que venceu o Uzbequistão por 1 a 0. O duelo acontece na próxima quarta-feira, à 1h (de Brasília), em Christchurch. Resta saber como estará a condição física do Brasil após disputar duas prorrogações.

Bem, uma vez que lemos o texto, que conhecimentos seriam necessários desenvolver com relação ao tema sobre o qual o texto trata?

(Escutam as opiniões dos participantes, enfatizando aquelas que se encaminham para a necessidade de conhecimentos específicos, conceitos e vocabulário. Por exemplo, é esperado que mencionem conhecimentos específicos do tipo de pênaltis, cavadinha, converteram, prorrogações, massacrar, tomar pressão, má pontaria etc.)

Os aspectos que acabamos de assinalar são importantes sempre que o leitor tenha conhecimento (ou que sejam escassos) sobre o tema que vai ler. No entanto, em relação ao texto anterior, e o grau de repercussão que tem o futebol e a seleção brasileira nos meios de comunicação social, é possível que os alunos estejam familiarizados com os conceitos e o vocabulário específico que aparecem no texto. Neste caso, como deveríamos proceder para ativar o conhecimento prévio que supomos que os alunos já trazem sobre o tema?

(Escutam as opiniões dos participantes. É duvidoso que neste momento apareçam como respostas as ideias que vamos explicar na continuação, mesmo que as opiniões possam estar relacionadas com elas; sendo assim, não se enfatizam as respostas. Se por acaso aparecerem algumas das ideias a seguir, o professor dará destaque a elas e continuará como segue.)

Bem, pelas opiniões que manifestaram é possível deduzir que pode ser necessário chamar a atenção do sujeito sobre suas experiências básicas relativas aos fatos que são descritos no texto. Por exemplo: Sabes o que é futebol? O que é uma semifinal? E uma cavadinha? Um pênalti? Alguém já foi a um jogo de futebol da seleção brasileira? Alguém joga futebol? Perguntas como estas servem para articular os conceitos que aparecem no texto com a experiência prévia que o sujeito pode ter sobre o tema, com o objetivo de facilitar a sua compreensão.

Como podemos observar, o procedimento utilizado para ativar em um aluno alguns conhecimentos que já possui é diferente do empregado quando se supõe que o aluno não dispõe de tais conhecimentos. Portanto, antes o professor deve avaliar o que os alunos conhecem do tema sobre o qual vão ler, avaliação que pode ser alcançada com observações diárias em aula e o conhecimento que o professor já tem dos seus alunos.

4 Estratégias para desenvolver o conhecimento prévio necessário

Uma vez que já vimos como decidir que tipo de conhecimento ativar, o passo seguinte é determinar que tipo de estratégia utilizar para isso.

Como fazem para ativar o conhecimento prévio dos seus alunos?

(Escutam as opiniões dos participantes. Entre as respostas fornecidas é esperado que apareça "através de diálogo ou debate", por serem estas as mais conhecidas e generalizadas. É possível também que apareçam "explosão de ideias" e "questionamentos prévios", mesmo que não sejam mencionadas com esses nomes. De todas as maneiras, se continua como segue.)

Mencionaram diálogo com os alunos para introduzir um texto, mas como organizariam esse diálogo? Que tipo de conhecimento gostariam de ativar? Como procederiam para ativá-los?

Vamos ver uma alternativa de como poderíamos realizar essa tarefa em relação ao texto "A expansão do castelhano".

2.6 A expansão do castelhano

Desde o final do século XV, e sobretudo nos séculos XVI e XVII, a Espanha conquistou e colonizou a América. Assim se converteu em um império que estendeu seu idioma nos territórios que ia dominando.

Esta é a razão pela qual esse idioma é falado em numerosas partes do mundo: em dezenove países hispano-americanos, nas Filipinas (mesmo que cada vez menos), na Guiné Equatorial, nas comunidades hispânicas dos Estados Unidos (Novo México, Flórida, Texas, Califórnia, Nova York) e nos núcleos de judeus sefaraditas (procedentes da Espanha) que se instalaram nos países balcânicos e em Israel.

O castelhano ou espanhol é hoje o idioma oficial de mais de duzentos e cinquenta milhões de pessoas. No entanto, um idioma tão difundido poderia correr o perigo de fracionar-se em vários dialetos distintos. Mas a unidade do espanhol se mantém graças aos seguintes fatos: a melhora na educação, os meios de comunicação e o trabalho da Real Academia do Idioma, em colaboração com as academias dos países hispano-americanos.

(O professor estipula um tempo para que os participantes leiam o texto e, continuando, solicita que desencadeiem um diálogo para ativar o conhecimento prévio considerando aspectos relacionados ao conteúdo: conceitos, vocabulário específico e conhecimento sobre o tema, bem como sobre a forma de realizar as perguntas. Antes que realizem essa tarefa, o professor comenta algumas orientações, como as mencionadas a seguir.)

- Como pensam em elaborar as perguntas?

(Se não surgirem ideias espontaneamente, o professor pode direcionar a discussão de tal maneira que se conclua que as respostas para as perguntas que se necessita fazer não podem ser do tipo sim/não, pois respostas desse tipo não oportunizariam a informação que necessitamos alcançar. Uma das maneiras de proceder seria perguntar para os participantes diretamente: Seria suficiente fazer perguntas cujas respostas fossem sim ou não? Fariam outro tipo de perguntas? Por quê? Depois de ouvir as opiniões dos participantes e solicitar que justifiquem suas ideias, o professor continua.)

- Elaborariam as perguntas antes de dirigir-se aos alunos ou depois? Por quê?

(Escutam as opiniões dos participantes, solicitando justificativas para elas, enfatizando aquelas que se encaminhem para a ideia de que seria mais adequado elaborar as perguntas antes de propor a atividade aos alunos porque é necessário que o professor tenha clareza sobre o que deseja que o aluno aprenda, para que e como. Depois continua como segue.)

- Que pensam sobre a estratégia de solicitar aos alunos que elaborem as perguntas sobre o texto? Como fariam para estimulá-los para isso?

(Escutam as opiniões dos participantes, solicitando justificativas para elas, enfatizando aquelas que se encaminhem para a ideia de que seria conveniente oportunizar que os alunos formulassem suas próprias perguntas, porque deste modo se favoreceria a motivação para a busca de respostas e, além disso, o professor cederia ao aluno alguma responsabilidade sobre seu processo de compreensão. Uma vez revisados esses aspectos, informamos aos participantes que no final do módulo encontrarão um resumo deles.

Depois de haver transmitido as informações anteriores, o professor solicita aos participantes que escrevam um diálogo, reunidos em trios, sobre o texto "A expansão do castelhano". Passados 15 minutos, socializam as produções e discutem no grupo a adequação desses diálogos de acordo com os seguintes critérios:

- Em função do conteúdo: os diálogos mais adequados são os que orientam o sujeito para a informação relevante do texto.

- Em função do procedimento: serão mais adequados os diálogos que sigam os procedimentos que acabamos de refletir.

Como conclusão é preciso pensar que não é qualquer tipo de diálogo com os alunos que terá resultado adequado, e que eles variam de acordo com o COMO *se pergunta e* o QUE *se pergunta. Se na discussão em grupo não se chegar a essa conclusão, o professor do módulo deverá explicitá-la. Depois continua como segue.)*

Além do diálogo, outra alternativa que podemos utilizar é a "explosão de ideias", que se refere a uma estratégia para fazer os alunos lembrarem do que sabem sobre o tema do texto. Como poderíamos fazer com que os alunos trouxessem à mente o que sabem sobre o tema, de modo que essas recordações sejam úteis para a compreensão do texto?

(A seguir o professor solicita que os participantes leiam o texto a seguir para que pensem em como poderiam propor a explosão de ideias sobre esse texto.)

2.7 Bactérias, mofo e leveduras

Existe vida sobre a Terra há milhões de anos. Todos os organismos vivos estão formados por células, uma ou muitas. Por sua vez, as células estão formadas por organelas e estruturas que estão compostas de moléculas; estas moléculas estão formadas por elementos.

Os elementos essenciais para a vida são vários; os mais importantes são carbono, oxigênio e nitrogênio. A Terra é um enorme depósito de matérias-primas para a vida. Depois de muitos milhões de anos, os organismos vivos não esgotaram esta reserva de matérias-primas, mas através de uma série de ciclos podem usar uma e outra vez os mesmos materiais, isso graças a atividade de um grupo de organismos denominados decompositores, que são imprescindíveis para a economia da natureza; nesse grupo se encontram bactérias, mofo e leveduras.

As bactérias, que todos tendemos a associar com enfermidades, são imprescindíveis para a vida de muitos seres; os ruminantes, por exemplo, não poderiam digerir o capim se não fosse pelas bactérias que vivem em seu tubo digestivo e que decompõem a celulose.

Em nossa pele, boca e intestinos vivem uma abundante população de microrganismos (bactérias, leveduras e fungos) que não são em absoluto prejudiciais e que não podemos ver, considerando seu tamanho minúsculo.

Para sistematizar as ideias que mencionaram, preparamos um exemplo de interação professor-aluno, com base neste texto.

> **Professor:** Hoje vamos ler um texto sobre bactérias, mofos e leveduras e vamos descobrir por que são importantes. Quero que escrevam em uma folha todas as coisas que pensarem sobre esses pequenos organismos. Podem ser ideias, frases completas ou simplesmente palavras que lhes pareçam estar relacionadas com a vida desses seres. Vocês têm 5 minutos para isso. A seguir, ele solicita aos alunos que leiam em voz alta o que escreveram enquanto lista no quadro.
>
> **Alunos:**
> - São organismos muito pequenos.
> - Bactérias causam doenças.
> - O mofo aparece quando o alimento está estragado.
>
> **Professor:** Agora olhem a lista e digam se consideram que alguma das afirmações está equivocada. Bem, de acordo com o que sugeriram, a maioria de vocês relaciona mofos e bactérias com doenças. Isto é verdade, no entanto esses pequenos organismos também são imprescindíveis para que outros vários seres vivam, e é sobre isso que o texto fala. Baseando-se nisso, que tipo de ideia pensam que deveríamos buscar nesse texto?
>
> **Alunos:** Pode ser que o texto informe as razões para que os mofos e leveduras sejam importantes.
>
> **Professor:** Muito bem, é uma boa ideia, vamos ver se o texto fala nisso.

· Qual a opinião de vocês sobre esse exemplo de procedimento para ativar o conhecimento prévio do aluno? Foram considerados os aspectos já comentados?

> *(Discute-se com os participantes a adequação do exemplo. Se não estiverem de acordo, o professor solicita que complementem com suas percepções, já que essa é apenas uma maneira, não a única de ativar o conhecimento, e é preciso refletir sobre isso. Uma vez realizado o debate, o professor solicita que leiam o apêndice no qual são resumidos os procedimentos para diagnosticar os conhecimentos prévios dos alunos sobre um determinado tema.)*

Nesse sentido, um procedimento que facilita a identificação do que é essencial em um texto é o de estabelecer o objetivo da leitura. Esse propósito pode ser explicitado pelo professor antes de começar a ler o texto. Pode-se também fazê-lo através de perguntas que direcionem a atenção do aluno para os aspectos previamente selecionados.

No caso do texto anterior, que propósito poderia se dizer aos alunos se a intenção era que identificassem a ideia principal do texto?

(Escutam as opiniões dos participantes, enfatizando aquelas que sugiram a conveniência de o propósito ser de tipo geral, como "o porquê da importância das bactérias, mofos e leveduras". Relembrar o que já analisamos sobre o objetivo da leitura no Módulo I, como que ao variar o objetivo também varia a informação que se extrai do texto.)

Como acabamos de ver, é importante que o aluno se depare com a leitura de um texto com um determinado propósito e que em determinadas ocasiões esse é oferecido pelo professor. No entanto, é importante que o aluno também possa escolher um propósito quando realiza uma leitura independente. Como poderíamos trabalhar isso?

(Escutam as opiniões dos participantes, enfatizando aquelas que vão na direção de tornar conscientes para os alunos a importância de ler com um objetivo, realizando atividades do tipo de ler diferentes textos com e sem propósito e analisar os resultados. Também seria conveniente que os professores elogiassem os alunos sempre que observarem que leem e explicitam o seu objetivo com essa leitura.)

Outra estratégia é o uso de organizadores prévios. Esses costumam aparecer nos livros de textos da educação básica e consistem em pequenos resumos ou frases que revelam algo do conteúdo do texto.

• Que tipo de organizadores prévios aparecem nos livros didáticos?

(Escutam as opiniões dos participantes. É esperado que mencionem os pequenos resumos que aparecem na parte superior de alguns textos, ou nas margens. Se aparecerem esse tipo de respostas, listá-las. É menos provável que mencionem os títulos dos textos. Se não mencionarem, o professor do módulo deve fazer referência a eles e propor um breve debate para esclarecer as diferentes funções dos títulos como ativadores do conhecimento prévio.)

• Como seria possível utilizar os organizadores que aparecem nos textos?

(Escutam as opiniões dos participantes, enfatizando as que vão em direção de utilizar um organizador prévio como uma estratégia a mais para

direcionar a atenção do leitor para os aspectos do texto que o organizador indica. Neste momento, é conveniente direcionar o pensamento dos participantes para a ideia de que a forma de utilizar os organizadores prévios pode ser similar à de identificação do conhecimento prévio, mas que nesse caso a informação não é fornecida pelos próprios alunos, mas vem pronta, bastando encaminhar o olhar dos alunos.)

Bem, até o momento vimos diferentes aspectos relacionados com o conhecimento prévio. Vocês podem me resumir os aspectos que foram mencionados?

(É esperado que mencionem o tipo de conhecimento prévio que é necessário ativar e as estratégias de que dispomos para ativá-lo. Depois se continua como segue.)

Esses aspectos são muito importantes. Um de nossos objetivos como educadores é fazer com que os alunos sejam capazes de "internalizar" essas estratégias e de utilizá-las cada vez que lerem de forma independente. Para conseguir isso, nosso papel é ajudar o aluno a determinar quando e como ativar seu conhecimento prévio. Como se pode fazer isso?

(Escutam as opiniões dos participantes, enfatizando aquelas que incidam sobre a necessidade de explicitar a importância da atividade e no incentivo aos alunos que mostram que as utilizam.)

5 Síntese das estratégias de ativação do conhecimento prévio

a) Discussão ou diálogo

Quando se utiliza:

- Quando os alunos possuem certo conhecimento do tema do texto.
- Quando os alunos têm um esquema.

Condições que tornam o diálogo mais efetivo:

- Planejar os aspectos que são necessários abordar em relação ao texto.

- Elaborar perguntas que não possam ser respondidas com *Sim/Não*.
- Perguntar para algum aluno, não solicitar voluntários.
- Perguntar e depois escolher quem vai responder.
- Oferecer tempo para que o aluno responda.
- Estimular os alunos para elaborarem suas próprias perguntas.
- Ampliar e utilizar as perguntas elaboradas pelos alunos.
- O diálogo não deve ser muito demorado.
- Se necessário, resumir as ideias trazidas.

b) Produção de conhecimento
- Os alunos precisam ter certo conhecimento sobre o tema.
- Consiste em solicitar aos alunos que exponham as ideias que surgirem sobre o tema do texto.

c) Perguntas prévias e propósito
- Costumam ser utilizadas precedidas por uma atividade de diálogo ou de produção de conhecimento.
- Seu objetivo fundamental é oferecer ao aluno um objetivo/direcionamento para a leitura.

Condições
- Não elaborar perguntas que direcionem a atenção do aluno para detalhes muito concretos do texto.
- As melhores perguntas são aquelas que demandam que o leitor elabore inferências, que avalie o que lê.

d) Organizadores e resumos
- Os organizadores são utilizados principalmente com textos expositivos.
- Os resumos são utilizados principalmente com textos narrativos.

MÓDULO 3
Introdução à estrutura do texto: estrutura do texto e ideia principal; método de ensino: instrução direta

1 Objetivos

1.1 Esclarecer o conceito de ideia principal de um texto e determinar como a sua identificação contribui para melhorar a compreensão.

1.2 Aprofundar o conceito de estrutura de texto e a percepção da sua importância para a identificação da ideia principal nos textos expositivos.

1.3 Encaminhar a percepção da necessidade de ensinar o reconhecimento de diferentes estruturas de texto como uma estratégia para melhorar, tanto a compreensão quanto a produção de diferentes tipos de textos.

1.4 Conhecer o método de instrução direta como uma alternativa para ensinar a identificação da estrutura do texto, representação hierárquica das ideias e identificação da ideia principal do texto.

2 O conceito de ideia principal

· Por favor, leiam atentamente o texto a seguir.

3.1 Os mecanismos propulsores

Se observarmos os mecanismos propulsores de um peixe ou de outro animal qualquer, notaremos de imediato uma diferença básica em relação aos seus princípios mecânicos, entre os animais e as máquinas inanimadas. Quase todas as máquinas proporcionam força através de rodas ou barras que giram ao redor de um eixo fixo, geralmente em uma velocidade constante. Nos animais, ao contrário, não existe a possibilidade desse funcionamento, já que todas as partes do corpo se conectam através dos vasos sanguíneos e nervos, não havendo possibilidade de girar livremente ao redor de um eixo fixo.

Privados do uso de rodas ou de um eixo, os animais necessitam de uma alavanca, alcançando o movimento ao agitá-las para frente e para trás. As alavancas são ossos do esqueleto, unidos através de articulações lisas e a sua fonte de força são os músculos que movem as alavancas através de contrações.

· Qual é a ideia principal deste texto?

(Escutar as opiniões dos participantes, continuando como a seguir.)

· Parece que a maioria está de acordo que a ideia principal seria algo parecido com: "Os animais e as máquinas inanimadas têm diferentes mecanismos propulsores cujos princípios de funcionamento também são diversos". Muito bem, alguém de vocês disse *(se não tiver dito, dizer que: algum de vocês poderia ter dito que...)* a ideia principal poderia ser "os mecanismos propulsores de máquinas e animais" *(ou mencionar qualquer outra ideia que foi explicitada que somente varie em relação ao grau de maior ou menor amplitude com relação à ideia principal).* Essa ideia é equivocada?

(A expectativa é que a resposta dos participantes seja que não; se assim for, concordar; se não, encaminhar a discussão de tal modo que se aproxime a que as outras respostas, a princípio, não têm por que serem inadequadas.)

· De fato, quando fizemos a mesma pergunta para alunos dos 6º, 7º e 8º anos da educação básica, recebemos, entre outras, as seguintes respostas: *(mostrar o seguinte quadro em um slide).*

---

1) Comparação do esqueleto de um peixe e seu corpo com a mecânica.
2) Os mecanismos do animal e da máquina são diferentes porque um animal tem vasos sanguíneos e nervos e uma máquina tem eixo e rodas.
3) O sistema de locomoção dos animais e das máquinas inanimadas.
4) Como conseguem se movimentar as máquinas e os animais.
5) A diferença entre o movimento de um animal e uma máquina, assim como o funcionamento de ambos.

· Qual a sua opinião? Essas ideias dadas pelos alunos expressam a ideia principal deste texto?

(Escutam as opiniões dos participantes. Tanto se a resposta for sim, como se for não, o professor solicita que justifiquem. Considerando a confusão que existe entre o conceito de ideia principal, é provável que os participantes não entrem em um consenso. Se for assim, continuar como indicado. Porém, se houver algum acordo, o professor do módulo precisa incentivar o debate realizando perguntas como: Não parece que (tal resposta) também está trazendo algo relevante em relação ao texto? Continuar como segue.)

· O que está acontecendo? Porque é difícil encontrar um consenso sobre qual das respostas anteriores expressam a ideia principal e quais não?

(É esperado que os participantes mencionem o fato de que não se tem suficientemente claro o conceito de ideia principal. Se não disserem, o professor segue.)

· Bem, parece que um dos nossos problemas é que nem todos temos o mesmo conceito do que seja a ideia principal de um texto, qual deve ser o seu tamanho ou que conteúdos precisa incluir. Se analisamos as respostas dos alunos, podemos notar que elas variam no grau de generalização. As respostas 1, 3 e 4 são mais gerais seguidas da resposta 5 e finalmente da 2. Pois bem, essa é uma das diferenças: quando a resposta dada for adequada para a pergunta "sobre o que trata o texto" (respostas

1, 3 e 4) não se pode considerar como **ideia principal**, mas sim como **o tema** do texto, o qual explicita o conteúdo geral, mas não aprofunda nos conteúdos concretos.

A resposta 2 aborda **tanto o tema do texto** como **o que o autor afirma sobre o tema**. Para comprovarmos isso, solicitamos a onze professores e a quase quinhentos alunos de 6°, 7° e 8° anos da educação básica que lessem uma série de textos e que respondessem "qual é a ideia principal do texto".

Consideramos que as respostas dadas refletiam o conceito de ideia principal que professores e alunos possuem. Os resultados obtidos mostraram que as respostas podiam ser agrupadas em seis categorias: incorretas, títulos, palavras-chave, tema (de que trata o texto), interpretação (generalização sobre a vida a partir do conteúdo do texto) e ideia principal.

As informações coletadas também mostraram que os conceitos que mais frequentemente são confundidos com o de ideia principal são o tema e a interpretação (para maiores informações cf. CARRIEDO & ALONSO TAPIA, 1991). Esta é a razão de que antes de prosseguirmos nesse curso tenhamos que ter claro o que, a partir desse momento, vamos denominar *ideia principal*, e vamos fazê-lo partindo de que a ideia principal pode estar expressa diretamente no texto – **ideia principal explícita** – ou pode não estar explicitada no texto, mas é possível de ser inferida a partir das informações que ele fornece – **ideia principal implícita**.

• Para analisar o que acabamos de mencionar de maneira mais clara, vamos ler os seguintes textos, direcionando atenção especial ao processo que seguimos para identificar a ideia principal.

3.2 A gripe

Mesmo que a gripe seja considerada uma doença benigna, ela é sem dúvida uma das condições de tipo infeccioso mais frequentes nos dias de hoje.

Todos os tipos de gripe são causados por vírus e todas as epidemias de gripe aparecem subitamente, se propagam com grande rapidez e se transmitem por vias respiratórias. Depois de sua penetração por essa via, os vírus se fixam nas mucosas da garganta, nariz e traqueia. Posteriormente podem passar para todo o corpo por via sanguínea.

O período de incubação da gripe costuma durar 48 horas. Depois desse tempo, aparecem rapidamente os sintomas: mal-estar, forte dor de cabeça, febre alta, dores musculares etc. Normalmente os sintomas desaparecem em três ou cinco dias, ainda que o enfermo apresente fraqueza geral durante bastante tempo.

3.3 O sistema de orientação dos morcegos

Os morcegos têm uma forma curiosa de se orientar: com a laringe emitem alguns sons. As ondas sonoras, ao se chocar com objetos, refletem no ouvido do animal, que assim reconhece o que está ao seu redor.

Esse sistema de orientação se chama *ecolocalização*, o que significa localização de objetos através do eco. Graças a ele os morcegos podem evitar os obstáculos e capturar os insetos que lhes servem de alimento.

· Agora digam-me: Qual é a ideia principal do primeiro texto?

(É esperado que os participantes mencionem que se trata da primeira frase: "ainda que a gripe seja considerada uma doença benigna"... Depois continuar como segue.)

· Muito bem, de fato essa é a ideia principal, mas por que essa frase e não outra do texto? Qual foi o processo que realizamos para identificar a ideia principal?

(Neste momento o professor solicita aos participantes que pensem sobre o processo que realizaram para identificar a ideia principal explícita de um texto. O professor do módulo orientará o processo e depois pedirá aos participantes sua opinião: se estão de acordo ou não e se o processo orientado foi o que eles realizaram. Em primeiro lugar, nos questionamos sobre o tema do texto. Todos tentamos responder à pergunta: Sobre o que é esse texto? (Sobre a gripe) e depois nos questionamos: Bem, e o que nos informa o

texto sobre a gripe? Para responder a essa pergunta vamos ao início do texto e encontramos na primeira frase que menciona o tema e nos informa coisas sobre ele. A primeira frase é, portanto, uma boa candidata a ser a ideia principal do texto. Não obstante, seguimos lendo para comprovar se a informação contida no resto do parágrafo está incluída na ideia principal, ou o que é o mesmo, se a frase que escolhemos é um bom resumo do resto das informações do texto. Nesse caso, parece que sim, e assim concluímos que essa é a ideia principal do parágrafo.)

• Agora, por favor, leiam o segundo texto, refletindo, como antes, no processo que desenvolvem para identificar a ideia principal. *(O professor estipula um tempo para que leiam e reflitam)* e faz a pergunta: Qual é a ideia principal desse texto?

(Escutam as opiniões dos participantes e continuam como segue: – Bem, parece que estamos de acordo que é algo parecido com "os morcegos utilizam um curioso sistema para orientar-se denominado ecolocalização, ou seja, a localização dos objetos por meio do eco que propagam". Continuando, o professor solicita que reflitam sobre o processo que seguiram para determinar qual era a ideia principal do texto. Neste momento, o professor orientará o seguinte processo: Como no texto anterior, o primeiro que nos perguntamos é sobre o que trata o texto (os morcegos), para depois nos perguntarmos o que o texto nos diz sobre os morcegos. A diferença em relação ao primeiro texto é que no primeiro encontramos uma frase que resumia tanto o tema do texto como o que o texto informa sobre esse tema, nesse caso não encontramos e precisamos ir procurando em todas as frases do texto a informação nova e não redundante que nos diga algo sobre o tema e, a partir disso, elaborar uma frase que a resume. Como é possível perceber, nesse caso é mais complicado, pois não apenas demanda que se busque no texto a frase que resuma o conteúdo, mas também perceber que ela não está explícita e que há necessidade de elaborá-la.)

• Bem, até agora vimos que a ideia principal pode estar explícita, como no texto sobre a gripe, ou implícita, como no texto sobre os morcegos. De acordo com esse processo que realizamos nos dois casos para a identificação/elaboração, podemos definir a ideia principal como o resumo dos conteúdos explícitos do texto, composta de uma frase de tal nível de generalização que inclua toda a informação específica desse texto, uma vez que seja retirado o repetido, o dito em outras palavras. **A ideia principal é a frase que inclui o tema geral do texto e o que se diz sobre esse tema[1].**

3 Introdução ao conceito de estrutura textual e sua importância para identificação da ideia principal nos textos expositivos

Vimos até agora que a identificação da ideia principal é um aspecto importante na compreensão do texto; também percebemos que ela pode se apresentar de modo explícito ou implícito no texto e como o seu processo de identificação/elaboração se torna mais complexo quando a ideia principal não está expressa de forma direta no texto. Finalmente, como devem se lembrar, acordamos uma definição do que, a partir de agora, vamos considerar como conceito de ideia principal.

O que vimos até aqui é importante para nosso objetivo que é contribuir para a compreensão leitora dos alunos, mostrando qual o processo de reflexão necessário para identificar a ideia principal. No entanto, não é suficiente mostrar-lhes qual o processo para identificar/elaborar a ideia principal explícita ou implícita. Existem outras características do texto que influenciam na determinação do que é mais importante.

Pois bem, o que hoje vamos discutir é como estão organizados os textos escolares e como essa organização determina a ideia principal nos textos expositivos.

• Por favor, leiam o seguinte texto:

---

1. Cunningham e Moore, 1986.

4 Os carboidratos e os lipídios: princípios orgânicos que fornecem energia

Os carboidratos – também chamados glicídios ou açúcares – e os lipídios – também denominados gorduras – constituem as reservas de energia das células.

Os glicídios estão constituídos por carbono, hidrogênio e oxigênio. Em um glicídio, para cada átomo de oxigênio existem dois átomos de hidrogênio. Existem glicídios de diferentes tipos e quase todos têm um sabor doce e são digeridos facilmente, fornecendo água e dióxido de carbono e proporcionando calor ao corpo. Em um ser vivo a energia armazenada pelos glicídios não é toda liberada de uma vez, mas vai sendo liberada pouco a pouco, em oxigenações lentas e progressivas.

Os lipídios são moléculas formadas por carbono, hidrogênio e oxigênio, mas proporcionalmente possuem menos oxigênio que os glicídios. Quando o organismo necessita energia, normalmente as primeiras substâncias que utiliza são os carboidratos que dispõe. Apenas depois que os carboidratos se esgotam, o organismo utiliza as gorduras. Por isso existem muitas gorduras que se usam para produzir energia e que ficam armazenadas no corpo.

• Qual é a ideia principal deste texto?

(Escutamos opiniões dos participantes, enfatizando aquelas que apontem para a primeira frase do texto, já que nos encontramos diante de uma ideia principal explícita.)

• Muito bem, parece que a maioria está de acordo que a ideia principal é "Os carboidratos e os lipídios constituem as reservas de energia das células".

Agora leiam, por favor, o seguinte texto:

5 Os carboidratos de carbono e os lipídios: princípios orgânicos que fornecem energia

Os lipídios e os glicídios se assemelham, pois ambos são tipos de moléculas que constituem a reserva de energia que possuem nossas células. No entanto, possuem algumas diferenças. Tanto os glicídios como os lipídios estão formados por carbono, hidrogênio e oxigênio, mas os lipídios têm proporcionalmente menos oxigênio que os glicídios. Outra diferença é que, enquanto os carboidratos são utilizados quase sempre para produzir a energia que nosso organismo necessita, as gorduras só são utilizadas quando os carboidratos se esgotam.

• Qual a ideia principal deste texto?

(Escutam as opiniões dos participantes, enfatizando aquelas que se direcionam para a ideia principal parecida com: "os lipídios e os glicídios que se assemelham em ambas as moléculas são a reserva energética do organismo, mas se diferenciam em sua composição e utilização". É possível que ocorram variações em torno da ideia principal, mas o importante aqui é que se destaque que no texto são citadas semelhanças e diferenças.)

• Bem, os dois textos têm um conteúdo similar: ambos abordam os glicídios e os lipídios, portanto o tema geral é o mesmo. Se nós não houvéssemos definido previamente o que seria considerado como ideia principal, diferenciando-a do tema, não encontraríamos diferenças entre as ideias principais dos dois textos. No entanto, tal como acabamos de ver, a ideia principal de cada um dos textos é diferente. Ao que vocês atribuem essa diferença?

*(Neste momento, o grupo escuta as opiniões dos participantes. A expectativa é que falem que o primeiro texto fala de dois tipos de moléculas, **descrevendo-as**, enquanto o segundo texto enfatiza a **comparação e o contraste** entre elas. Nós percebemos que as ideias do primeiro texto estavam organizadas de maneira diferente das do segundo, e isso é o que nos permitiu identificar a ideia principal. Se os participantes não comentarem isso que acabamos de expor, ou se o fizerem de modo pouco claro, o professor do curso precisa mencionar.)*

• Percebemos, então, que o fato de o texto estar estruturado de uma ou de outra maneira determina a informação relevante que se identifica nele. Esse mesmo fato já observamos em relação a produção textual. No MÓDULO 1 vimos que quando alguém precisa produzir um texto o faz – igual quando lê – com um objetivo, de tal modo que se eu solicitasse a vocês que elaborassem um texto sobre o tema geral "lipídios e glicídios" e especificasse que o objetivo era de descrever suas funções e sua composição, qual dos textos anteriores escolheriam?

(É esperado que os participantes escolham o primeiro texto. O professor explicita os motivos e continua como segue.)

Se o objetivo para produzir o texto fosse enfatizar as semelhanças e diferenças existentes entre um e outro, que tipo de texto escolheriam para expressá-lo?

(É esperado que os participantes escolham o segundo texto. O professor explicita os motivos e continua como segue.)

· Vemos, portanto, que o modo de estruturar as ideias em um texto por quem o produz determina que as ideias principais sejam umas e não outras, e, como consequência disso, se ensinarmos aos alunos como identificar essa forma geral de organização das ideias estaremos contribuindo para que eles identifiquem os aspectos fundamentais do texto. A essa forma geral de estruturação das ideias é o que denominamos **a estrutura do texto.**

No entanto, é possível que muitos alunos não percebam que os textos estão estruturados de diferentes formas, relacionados com os objetivos do autor. Portanto, pensamos que o ensino das diferentes estruturas de um texto, bem como os indicadores característicos que utilizam, pode contribuir para facilitar a identificação das ideias principais e consequentemente para uma melhor compreensão do texto. Além disso, o mesmo conhecimento da estrutura do texto lhes servirá também para produzir textos (em função dos objetivos que tenham). **Como conclusão, podemos afirmar que o conhecimento da estrutura textual facilita tanto sua compreensão como sua produção.**

· Como determinamos que a estrutura do texto é um fator importante, o seguinte passo será descrever QUAIS SÃO AS ESTRUTURAS TEXTUAIS MAIS FREQUENTES.

3.1 Tipos de estruturas textuais e indicadores que ajudam a identificá-las

3.1.1 Generalização

a) Definição: essa estrutura aparece em um texto quando o autor pretende fazer uma afirmação – normalmente a ideia principal aparece no início do texto – e as outras frases têm o objetivo de esclarecer a ideia principal ou são uma extensão dessa. No primeiro caso, as frases restantes explicam a ideia principal utilizando exemplos ou ilustrações. No segundo caso, quando são uma extensão da ideia principal, essas frases tendem a explicá-la de modo mais detalhado.

b) Indicadores: palavras como "por exemplo" e conceitos que tenham aparecido na frase principal e que se retomam para serem mais detalhados ou exemplificados.

c) Exemplo: a ternura é um sentimento que experimentamos as vezes diante de pessoas, animais ou objetos, sentimento que precisamos cuidar, com suavidade. Costumamos experimentá-lo mais vezes diante do comum, do pequeno, do sensível. Diante daqueles que nos acolhem com confiança, sem temor, com sorriso alegre de quem se sente à vontade. Ou do cãozinho que corre atrás de uma bola lançada longe e que nos traz com olhos ávidos para que continuemos a brincadeira. Como a companheira que fecha os olhos para receber o primeiro beijo.

3.1.2 Enumeração

a) Definição: a característica dessa estrutura se dá quando o autor lista uma série de fatos ou de características, uma depois da outra. Há dois tipos de enumeração:

- Específica: a lista de fatos aparece numerada, ou em tópicos.
- Inespecífica: a lista de fatos ou características aparece em formato de parágrafo, sem numerar.

b) Indicadores: ...tais propriedades ou características: primeiro, segundo...

c) Exemplos:

- Específica: o ornitorrinco tem as seguintes características: 1) é mamífero; 2) tem corpo e rabo de castor – o corpo peludo e o rabo plano; 3) Tem bico de pato e 4) Põe ovos, como as aves.

- Inespecífica: o ornitorrinco é um mamífero; seus filhotes se alimentam do leite materno; com corpo e rabo de castor – o corpo peludo e rabo plano –, que tem bico de pato e põe ovos, como as aves.

3.1.3 Sequencial

a) Definição: descreve uma série de passos ou acontecimentos conectados pelo tempo, de tal forma que não é possível suprimir um dos passos sem que se perca todo o sentido do processo descrito.

b) Indicadores: expressões como: Realizou-se uma série de procedimentos...; os passos para...; as etapas foram...; os estágios...; o primeiro passo...; depois...

c) Exemplo:

Para preparar uma sopa de bacalhau, depois de tê-lo deixado de molho durante a noite anterior, se escorre e coloca em uma panela coberta de água fria. Coloca-se para aquecer e, quando a água começar a ferver, retira-se do fogo. Depois se retira as espinhas do peixe, o desfia e deixa reservado na água em que foi cozido.

A seguir, coloca-se azeite em uma frigideira, frita o alho, coloca batatas cortadas em pedaços, alho-poró e o bacalhau. Deixa-se refogar lentamente e depois de dez minutos se acrescenta o caldo no qual o peixe foi cozido e mais meio litro de água. Acrescenta-se sal e pimenta e deixa ferver em fogo baixo durante uma hora.

3.1.4 Classificação

a) Definição: a estrutura classificatória em um texto aparece quando o autor separa grupos de objetos ou organiza-os em função de determinadas características. Por isso, nesse tipo de texto se costuma encontrar grupos separados e um conjunto de características ou atributos de cada um dos grupos estabelecidos. Também costumam aparecer exemplos representativos de cada grupo. O autor desenvolve um sistema de classificação para agrupar os elementos que aparecem no texto, de tal modo que esse sistema possa ser utilizado pelo leitor para agrupar outros possíveis elementos.

b) Indicadores: expressões como: podem ser agrupados...; foi possível distinguir dois grupos...; podem ser classificados em função...; as características do primeiro grupo...; é possível de dividir em dois grupos... etc.

c) Exemplo:

Os frutos podem ser classificados em carnosos e secos. Os frutos carnosos são aqueles que têm pericarpo suculento. Eles são classificados em baga ou drupa. Os frutos carnosos do tipo baga apresentam sementes livres, ou seja, elas ficam dispersas no mesocarpo, sendo facilmente separadas do fruto. Alguns exemplos de frutos carnosos do tipo baga são: melancia, goiaba, pepino, uva, laranja, limão, tomate, entre tantos outros.

3.1.5 Comparação-contraste

a) Definição: a estrutura de comparação e contraste aparece em um texto quando o objetivo principal do autor é examinar as relações entre dois ou mais elementos ou entre grupos de elementos. A comparação se realiza tanto ao analisar semelhanças quanto diferenças, enquanto que o contraste apenas enfoca as diferenças. Em algumas ocasiões, o autor também estabelece grupos para analisar as semelhanças e/ou as diferenças entre eles. A ideia principal está organizada em partes que explicitam a comparação ou o contraste.

b) Indicadores: expressões como: o contraste com, ao contrário, semelhante a, em lugar de, é igual que, com relação a, por outro lado, enquanto que, igual a, maior que, menor que etc.

c) Exemplo:

Há dois modos de estimular a motivação para a aprendizagem: através de recompensas internas e/ou criando condições para que o aluno se interesse pela tarefa. Essas duas formas de motivar não são igualmente efetivas: a primeira tem, em geral, piores consequências que a segunda. Por um lado, ao premiar ou castigar o comportamento ou os avanços dos alunos, deixamos de valorizar a tarefa em si, que passa a assumir um caráter instrumental. Por isso, quando a expectativa de conseguir reforço externo ou de evitar o castigo desaparece, o aluno não produz. Por outro lado, se planejamos as tarefas escolares de modo que o sujeito perceba que sua aprendizagem se qualifica, que através da tarefa pode descobrir um mundo de interesses, trabalhará mesmo que não antecipe recompensa externa alguma. Não obstante, em algumas circunstâncias o panorama pode se inverter. Aprender pode ser interessante, mas se o que importa para o aluno é, por exemplo, conseguir um emprego, ele só se esforçará para aprender se perceber que o que tem que estudar tem relação com esse objetivo pessoal.

3.1.6 Causa-efeito

a) Definição: a estrutura textual de causa e efeito aparece quando o autor apresenta um fato ou fenômeno e analisa suas causas.

b) Indicadores: expressões como por causa de, tem como resultado, desencadeando, o fator responsável por, são originadas por etc.

c) Exemplo:

A causa das doenças infectocontagiosas é um agente patogênico, normalmente um vírus ou uma bactéria. Esse agente produz substâncias denominadas toxinas, que dão origem às enfermidades. A varíola, a tuberculose, a raiva e a gripe são alguns exemplos de doenças infectocontagiosas.

3.1.7 Problema-solução

a) Definição: essa estrutura textual aparece quando o autor apresenta um problema ou um questionamento ao qual trata de responder ou oferecer possíveis soluções ao longo do texto. A ideia principal desse tipo de texto costuma estar organizada em duas partes: uma do problema e outra da solução, ou uma parte de perguntas e outra de respostas.

b) Indicadores: palavras relativas ao problema: a pergunta, enigma, perplexidade, investigação, necessidade de prevenir etc.

Palavras relativas a solução: resposta, réplica, a explicação, para atender a esse problema, para resolver essa questão etc.

c) Exemplo:

A ameaça de contaminação, unida à crescente demanda de água potável, bem como o fato de que acrescentar cloro na água ou outros aditivos químicos faça com que essa adquira sabor desagradável, encaminha para o problema de como tornar a água potável sem inserir cloro para que seja possível bebê-la sem ficar doente. Os franceses encontraram uma solução para esse problema ao aperfeiçoar um engenhoso método de "ozonização", ou seja, de "lavar" a água com ar.

3.1.8 Argumentação

a) Definição: a argumentação surge quando o autor procura convencer o leitor de uma crença ou opinião, oferecendo para isso um conjunto de razões favoráveis à sua conclusão. Portanto, um texto argumentativo é aquele que contém argumentos, premissas, razões e conclusão. Também costumam aparecer exemplos para apoiar as razões dadas.

b) Indicadores: expressões que indicam de que o que virá é uma conclusão, tais como: portanto, consequentemente, sendo assim, então, implica que, supõe que, o qual mostra que, prova que, indica que, nos permite concluir que, é possível deduzir que, sugere que, leva a crer que, apoia a ideia de que, como conclusão...

- Expressões que indicam que o que virá a seguir é um postulado: dado que, por, porque, em razão de que, em vista do fato que, como é indicado por, como é sustentado por, as razões pelas quais etc.

c) Exemplo:

Se todo mundo parece estar convencido de que uma guerra total é impossível, então como explicar o porquê de as potências não chegarem a um desarme progressivo e um controle internacional de armamentos? E o que envenena realmente o problema é que não se trata exclusivamente de uma questão técnica, mas sim ideológica. Porque, na realidade, a uma condição de tipo espiritual deve preceder, sem dúvida, uma realização material. E essa é o desarme moral...

3.1.9 Narração

a) Definição: a estrutura narrativa aparece quando o autor nos conta uma história na qual descreve um cenário, um tema, uma ação ou uma trama e um desenlace ou solução.

b) Indicadores: palavras ou informações relacionadas com:
- O cenário: há muitos anos, na data tal, no lugar tal, era uma vez etc.
- Os protagonistas: normalmente aparecem seus nomes e o que pretendem.
- A ação: descrição do que acontece.
- A resolução: como termina a história.

c) Exemplo:

Anne Frank era filha de uns comerciantes judeus que fugiram para a Holanda quando a perseguição nazista iniciou. Quando esse país foi invadido pelos alemães, e, diante do medo de serem enviados a um campo de concentração, decidiram esconder-se. E assim, em um galpão de armazenamento, oito pessoas começaram a existência de coelhos encurralados em suas tocas.

Nesse ambiente, Anne, uma criança de doze anos, começa a escrever seu diário, desde junho de 1942 até agosto de 1944. Nele descreveu tanto o pânico, a angústia da sua situação como seu espírito de liberdade e fantasia.

Em 4 de agosto de 1944 a Gestapo entrou no esconderijo. Todos foram detidos. Em março de 1945 Anne morreu em um campo de concentração, dois meses antes da libertação da Holanda. Entre os papéis jogados no solo do galpão estava o seu diário.

· Bem, de tudo que vimos até agora, podemos elaborar algumas conclusões relacionadas com o ensino da compreensão e da produção de textos:

3.2 O que devemos ensinar aos alunos?

(Escutam as opiniões dos participantes, enfatizando aquelas que vão na direção adequada. É esperado que, no final do debate cheguem aos aspectos que vamos citar na continuação. Se não acontecer assim, o professor do módulo deverá completar os que faltarem, elaborando perguntas do tipo: Não lhes parece que também deveríamos ensinar... (um determinado ponto)? Em qualquer caso, no final o professor do módulo deverá fazer um resumo de todos os pontos mencionados.)

Conhecimento conceituais

a) O que se entende por ideia principal de um texto.

b) As ideias principais costumam ser apresentadas de forma explícita ou estar implícitas no texto.

c) Os textos estão organizados de formas diferentes, os tipos de estruturas mais frequentes e os indicadores que nos ajudam a identificá-los.

Conhecimento procedimentais

a) A representação gráfica dos textos de forma hierárquica pode ajudar a conhecer como estão organizadas as ideias, bem como a estrutura de que trata o texto.

b) Aplicar estratégias de ação do tipo "se a estrutura é de tipo... então, para identificar a ideia principal devo...", baseando-se, para isso, no conhecimento da relação entre a estrutura do texto e o propósito comunicativo.

Conhecimentos que encaminham para atitudes

a) Identificar a estrutura do texto e relacioná-la com o objetivo (e vice-versa) permite compreendê-lo melhor e também contribui para a escrita dos textos.

3.3 Que processo devemos seguir para ensinar aos alunos os aspectos que acabamos de listar?

Quando estamos planejando uma situação com o propósito de construir conhecimento com os alunos, a primeira pergunta que fazemos é: O que vamos ensinar? A definição dos objetivos da nossa sessão de aprendizagem responde a essa pergunta, pois nela determinamos os conteúdos **(nesse caso, estratégias)** que, como professores, devemos ensinar aos alunos. Não obstante, ainda nos resta outra pergunta por responder, e essa é: **Como ensinar essas estratégias?**

A primeira pergunta respondemos na parte anterior. Nessa, vamos tentar responder à pergunta sobre **como ensinar**, e para isso precisamos fazer referência ao método de instrução que, nesse caso, é o de *"Instrução direta"*. Alguém sabe no que consiste esse método?

(Escutam as opiniões dos participantes. Se eles não estão familiarizados com o treinamento metacognitivo, é esperado que não conheçam esse mé-

todo ou que relacionem com a instrução tradicional, entendida como explicação. De todo modo, se tiver alguém que conheça, o professor comenta e continua como segue.)

• A instrução direta é um método que se revelou muito eficaz para o ensino da identificação das ideias principais dos textos. Esta é a razão pela qual adotamos em nosso curso, e por isso vamos estudar, a seguir, os passos desse método com o objetivo de nos familiarizarmos com ele. O método consta de cinco fases[2]:

1) Introdução. Seu objetivo é proporcionar aos alunos o objetivo, ou seja, explica-se o motivo que a aprendizagem das estratégias necessárias tem para identificar a estrutura do texto poderá contribuir para sua compreensão. Nesse ponto, é preciso antecipar aos alunos o conteúdo e o propósito da aula que terão. Agora, eu estou fazendo exatamente isso com vocês, antecipando os conteúdos sobre os quais nos dedicaremos ao longo dessa sessão.

2) Exemplo. O exemplo mediado é a extensão da introdução, já que nessa fase se exemplifica aos alunos as relações que existem entre a habilidade que vão construir (nesse caso, identificação da estrutura do texto) e a sua compreensão (identificação da ideia principal).

3) Explicação. Nessa fase, o professor precisa mostrar, explicar, demonstrar ativamente aos alunos a estratégia que estes precisam aprender. Oportunizar aos alunos algum método ou estratégia para que possam utilizar o que aprenderam de modo independente. Além disso, é importante que o professor demande que os alunos produzam respostas, que sejam ativos, pois já foi comprovado que,

---

2. BAUMANN, J.F. (1986). "The direct instruction of mains comprehension ability". In: BAUMANN, J.F. (ed.). *Teaching main idea comprehension*. Delaware: IRA.

quando o sujeito se esforça para construir sua resposta e não apenas repetir, aprende muito mais.

4) Prática das estratégias ensinadas, mediadas pelo professor. Nesse ponto, a responsabilidade da aprendizagem vai se direcionando para o aluno. O professor desencadeia a atividade propondo exercícios nos quais o aluno precisa colocar em prática as estratégias ensinadas, enquanto o professor vai acompanhando, provocando os pensamentos do aluno, oferecendo retroalimentação para suas ações. Agindo assim, o professor terá também a possibilidade de revisar a aprendizagem da estratégia por parte dos alunos, de tal modo que consiga identificar se há necessidade de rever algum aspecto e quais.

5) Prática independente. São oferecidos aos alunos materiais que não tenham sido trabalhados durante a instrução para que pratiquem a estratégia de modo autônomo.

Uma vez que determinamos os conteúdos que queremos ensinar e o modo de fazê-lo, vamos refletir durante alguns momentos sobre o que faríamos para ensinar aos alunos como proceder com um texto de determinada estrutura.

(Escutam as opiniões dos participantes, enfatizando as que vão na direção adequada. Espera-se que ao final da discussão tenham sido mencionados os aspectos que vamos citar a seguir. Se não acontecer assim, o professor do módulo deverá completar os que faltaram, mediante perguntas do tipo: Não lhes parece que também deveríamos ensinar (um determinado aspecto)? De qualquer maneira, no final o professor do módulo deverá fazer um resumo de todos os pontos mencionados.)

· Dada uma determinada estrutura o professor deverá:

a) Ativar o conhecimento prévio. Para isso escolherá a técnica mais adequada nas descritas no Módulo 2.

b) Encaminhar os alunos para o processo de identificação do tema, da estrutura textual e a elaboração da representação hierárquica, estabelecendo diferentes níveis de importância no texto.

c) Identificada a estrutura e realizada a representação hierárquica, encaminhar o processo de identificação da ideia principal, tanto quando aparece expressa explicitamente como quando está de forma implícita.

d) Reflexão sobre o tipo de estrutura identificada, suas características e a estratégia a aplicar.

e) Praticar com os alunos o ponto "c". O professor tem aqui o papel de supervisionar e adequar os processos realizados pelos alunos.

f) Possibilitar que os alunos pratiquem de modo independente o aprendido.

g) Ensinar aos alunos como autorregular e avaliar a utilização que fazem de cada estratégia.

h) Conhecida a estratégia e dado um objetivo concreto.

- Encaminhar as fases do processo de produção de um texto: planejamento (representação hierárquica) e elaboração.

- Praticar com os alunos o ponto anterior.

- Possibilitar que os alunos pratiquem de modo independente.

• Bem, esse é o processo de modo geral. Nos módulos seguintes vamos ver detalhadamente o processo de cada uma das estruturas descritas anteriormente.

Uma vez conhecidos os passos da instrução direta, vamos aplicá-los para ensinar aos alunos a identificar diferentes estruturas textuais, a representar hierarquicamente os textos, a identificar a ideia principal e a produzir textos com diferentes estruturas.

Síntese

• Ideia principal é a frase que inclui o tema geral do texto e o que se diz sobre esse tema.

- Pode ser explícita ou implícita.

• A estrutura do texto se refere ao modo que o autor organiza as ideias.

• O conhecimento da estrutura textual facilita tanto a compreensão quanto a produção de um texto.

• Descrição, exemplificação e indicadores das estruturas textuais mais frequentes.

• O que devemos ensinar aos alunos sobre a estrutura textual e identificação da ideia principal?

- Conhecimento conceituais.

- Conhecimento procedimentais.

- Conhecimento atitudinais.

• Como é possível ensiná-los? – Instrução direta.

Módulo 4
Textos com estrutura de generalização e de enumeração

1 Objetivos

Os professores devem ser capazes de ensinar seus alunos a:
- Identificar a estrutura de generalização.
- Representar hierarquicamente as ideias de um texto com essa estrutura.
- Identificar a ideia principal desse tipo de textos.
- Produzir textos com o objetivo de generalização, utilizando para isso o método de instrução direta.

Além desses, temos os seguintes objetivos específicos:
- Dado um texto com estrutura de generalização, o leitor deve ser capaz de identificar de que tipo de estrutura se trata, apoiando-se nas pistas fornecidas pelo texto.
- Uma vez que o leitor tenha identificado o tipo de estrutura, deve ser capaz de fazer uma representação hierárquica das ideias que aparecem no texto.
- O leitor deve ser capaz de identificar a ideia principal do texto de generalização com base tanto na sua estrutura como na representação hierárquica das ideias.
- O sujeito deve ser capaz de produzir um texto direcionado por um objetivo específico de comunicação. Para isso, deve utilizar os conhecimentos da estrutura e da representação hierárquica do texto.

2 Estrutura de generalização

Nessa parte vamos refletir sobre como podemos aplicar a instrução direta para ensinar a estrutura de generalização aos alunos. Para isso, a fim de que vocês possam ter uma ideia mais clara de como fazer isso com seus alunos, eu vou adotar o papel de professor e vocês de alunos, para que possamos fazer uma encenação de como poderíamos proceder em uma situação parecida.

a) Introdução

Nos módulos anteriores vimos como, dependendo da intenção comunicativa do autor, os textos podiam ser classificados em um conjunto de estruturas e concluímos que o conhecimento dessas estruturas poderia nos ajudar tanto para identificar a ideia principal como para produzir textos com propósitos determinados. Pois bem, hoje vamos aprofundar o tipo de estrutura textual denominada generalização.

Saber reconhecer esse tipo de estrutura é importante porque ela aparece com muita frequência nos livros didáticos; portanto, esse conhecimento pode nos ajudar a compreender o que lemos e também a recordar melhor os conteúdos da aula.

Por outro lado, é possível que para alguns não seja suficiente identificar o tipo de estrutura em questão para compreender a mensagem principal que o autor deseja comunicar. Por isso, além de identificar o tipo de estrutura, propomos outra estratégia, a representação hierárquica das ideias do texto.

Esse tipo de representação oportuniza uma organização das ideias do texto em função de seus diferentes níveis de importância. Portanto, depois de haver realizado a representação hierárquica, poderemos saber que ideias são mais importantes que outras, e determinar qual é a ideia principal desse tipo de texto.

> **DICAS PARA O PROFESSOR**
>
> **Generalização**
>
> **a) Definição:** essa estrutura aparece em um texto quando o autor pretende fazer uma afirmação – normalmente a ideia principal aparece no início do texto – e as outras frases têm o objetivo de esclarecer a ideia principal ou são uma extensão dessa. No primeiro caso, as frases restantes explicam a ideia principal utilizando exemplos ou ilustrações. No segundo caso, quando são uma extensão da ideia principal, essas frases tendem a explicá-la de modo mais detalhado.
>
> **b) Indicadores:** palavras como "por exemplo" e conceitos que tenham aparecido na frase principal e que se retomam para serem mais detalhados ou exemplificados.

b) Exemplo

A seguir vamos ver um modelo de como poderiam exemplificar a seus alunos o processo que precisam percorrer para identificar a ideia principal de um texto. Para demonstrar, eu serei o professor e vocês os alunos.

Aqui temos um exemplo do que vamos estudar hoje: um texto com estrutura de generalização. *(Distribuir cópias ou apresentar em um* slide *o texto "A bipartição direta".)*

4.1 A bipartição direta ou fissão binária

(1) A bipartição direta é uma forma de reprodução celular que consiste na divisão do núcleo celular em duas partes iguais, (2) quando se produz um estrangulamento na membrana celular ao mesmo tempo em que se divide o núcleo. (3) Quando o estreitamento da membrana chega ao máximo (4) a célula se parte em duas, (5) de modo que cada célula filha resultante tenha o seu próprio núcleo. (6) Muitas amebas se reproduzem por bipartição direta. (7) Os paramécios também se reproduzem por bipartição direta, (8) mas com a particularidade de que o paramécio tem dois núcleos, um grande e outro pequeno, (9) em vez de um núcleo apenas como tem a maioria das células.

Agora vou ler o texto em voz alta descrevendo o meu processo mental. Por favor, acompanhem no texto enquanto eu leio. *(A seguir, lê o texto. Os comentários que o professor vai fazendo durante a leitura estão colocados entre parênteses.)*

4.2 A bipartição direta ou fissão binária (comentado)

(A bipartição direta... esse título, ao que se refere ... parece-me que sei algo sobre isso... como estamos falando de células e de suas formas de reprodução... provavelmente é a forma como as células se reproduzem... não sei... mas parece que o texto vai falar sobre isso... vou seguir lendo.)

A bipartição direta é uma forma de reprodução celular *(bem, parece que, tal como eu pensava, o texto vai falar desta forma de reprodução celular, sim, de fato, esse deve ser o tema geral do texto, porque também aparece no título... como afirma que é uma forma de reprodução deve haver outras..., ou seja, que as células podem se reproduzir de muitas formas... Que estranho! Que eu saiba o ser humano sempre se reproduz da mesma forma!... então, suponho que o texto continuará dizendo em que consiste essa forma ou como se diferencia das outras...Vou seguir lendo para tentar descobrir.)* ...que consiste em uma divisão do núcleo celular em duas partes iguais, enquanto se produz um estrangulamento da membrana celular ao mesmo tempo em que o núcleo se divide.

(Efetivamente, tal como eu pensava, o texto me informa no que consiste... O que entendi até agora? ...que, quando as células se reproduzem por bipartição direta, o núcleo se divide em duas partes iguais e ao mesmo tempo na membrana celular se produz um estrangulamento... Que será isso, "estrangulamento"? Bom, vou seguir lendo para ver se o texto explica mais adiante...)

Quando o estreitamento da membrana chega ao máximo *(aí está... este é o estrangulamento que falava antes, e parece que vai explicar o que acontece na célula quando isto se produz... sigo lendo),* a célula se parte em duas, de maneira que cada célula filha resultante tenha seu próprio núcleo.

(Quer dizer, de uma única célula surgem duas exatamente iguais com um núcleo cada uma... parece-me que esse parágrafo é uma explicação do primeiro, porque está me explicando mais detalhadamente algo que já havia sido afirmado no princípio... creio que ali está o mais importante, mas vou seguir lendo para comprovar o que afirmam os outros parágrafos.)

Muitas amebas se reproduzem por bipartição direta. (7) Os paramécios também se reproduzem por bipartição direta, (8) mas com a particularidade de que o paramécio tem dois núcleos, um grande e outro pequeno, (9) em vez de um núcleo apenas como tem a maioria das

89

células. *(Que informação me oferece esse parágrafo? Está acrescentando algo novo ao que já sei sobre a bipartição direta?... Não, me parece que está apenas oferecendo exemplos de células que se reproduzem através da bipartição direta, tanto a ameba quanto o paramécio... Então, o que o autor está tentando me transmitir? O que é o mais importante? Pois, se nesse parágrafo vimos exemplos e no anterior uma explicação do primeiro, tal como eu pensava a ideia principal deve estar no primeiro parágrafo. Vou voltar a ler para comprovar.)*

A bipartição direta é... *(Pois sim, efetivamente me parece que a ideia principal está no primeiro parágrafo porque essa ideia é muito mais geral do que as outras e me informa tanto o que é a bipartição direta como em que consiste. Se me fixo nas outras frases do texto, comprovo que todas fazem referência, em maior ou menor medida; a primeira frase, ou seja, todas falam da bipartição, uma esclarecendo o conceito e outras trazendo exemplo. O primeiro parágrafo, ou melhor, a frase que vai até a primeira vírgula.)* "A bipartição direta é uma forma de reprodução celular que consiste na divisão do núcleo celular em duas partes iguais", é a ideia principal do texto, porque o resto das ideias são menos gerais que essa, a completam, mas não poderiam substituí-la.

De fato, a ideia mais geral do texto é: "A bipartição direta é uma forma de reprodução celular que consiste na divisão do núcleo celular em duas partes iguais, quando se produz um estrangulamento da membrana celular ao mesmo tempo em que se divide o núcleo".

(A seguir, o professor do módulo encaminhará o debate, elaborando as seguintes perguntas:)

- Que procedimentos realizei enquanto lia o texto?

- Que tipo de perguntas fiz para mim?

- Que tipo de problemas tive para entender o texto?

- Que estratégias utilizei para identificar a ideia principal desse texto? Em que consiste essa estratégia?

- Por que utilizei essa estratégia e não outra?

- Quando pode ser mais útil utilizar essa estratégia?

(O esperado nesse tipo de debate é que os participantes percebam algo similar ao seguinte:)

- Li o título e pensei sobre ele, ou seja, tentei ativar o conhecimento prévio sobre o tema.

- Depois procurei saber qual o tema do texto, e para isso relacionei com o título.

- Elaborei hipóteses sobre o conteúdo do texto, que durante a leitura fui confirmando ou não.

- Fui procurando a ideia mais geral do texto, ou seja, a frase cujo conteúdo resumisse o restante das ideias do texto. Portanto, fui estabelecendo relações de importância entre as diferentes frases do texto.

- Formulei hipóteses sobre qual poderia ser a ideia principal, e depois confirmei relendo o texto.

(Se no debate os participantes não mencionarem os aspectos listados, o professor do módulo voltará a ler o texto expressando seus pensamentos em voz alta, mas dessa vez tornando explícita a estratégia que está utilizando. Por exemplo, começa-se lendo o título e os pensamentos originados, porém se explicita que neste momento está ativando o conhecimento prévio. O objetivo do debate entre os participantes é que eles se conscientizem das estratégias utilizadas durante a leitura do texto, ou seja, que reflitam criticamente sobre o processo percorrido. De todo modo, para explicitar melhor, continua como descrito a seguir.)

· Bem, agora vou solicitar que avaliem o que eu acabei de fazer, ou melhor, que me digam o que eu pretendi ensinar-lhes.

(Escutam as opiniões dos participantes, enfatizando aquelas que pontuem que vimos o processo de identificação da ideia principal através de um exemplo, mas que o foco estava nas estratégias utilizadas. Depois, continua como a seguir.)

· Que conclusões podemos chegar sobre o que vimos até agora e o que podemos utilizar nas aulas com os alunos?

(O que se espera é que os participantes mencionem que não é suficiente apenas exemplificar o processo, mas que é necessário também pensar sobre ele, para oportunizar que os alunos se conscientizem do que foi realizado. Se manifestam essa ideia, se enfatiza, mas se não, o professor do módulo deve explicitá-la.)

· Sem dúvida, ainda que alguns alunos cheguem a elaborar a representação do texto e a estabelecer relações de importância entre as frases através de uma estratégia como a descrita anteriormente, outros alunos podem não conseguir identificar a ideia principal apenas com essa estratégia e necessitem de outras que lhes ajude a representar hierarquicamente o texto, para compreender quais ideias são mais importantes do que outras, sobretudo porque existem textos em que a ideia principal não está explícita.

Suponhamos que, tendo seguido o processo anterior, o sujeito ainda não está seguro sobre qual é a ideia principal. Como poderíamos ajudá-lo? Um modo de fazê-lo é ensinar-lhe de modo explícito a representar hierarquicamente as ideias do texto.

Portanto, a seguir vamos ver um modelo de como seria possível exemplificar aos alunos o processo para representar hierarquicamente as ideias do texto. *(Novamente, eu ficarei no papel de professor e vocês no de alunos.)*

Por favor, peguem novamente o texto sobre a "bipartição direta" e vão lendo em voz baixa, enquanto eu leio o texto em voz alta.

4.3 A bipartição direta (representação hierárquica)

"A bipartição direta... *bem, foi-me solicitado que faça uma representação hierárquica das ideias desse texto, isso significa que umas são mais importantes do que outras. Bom, vou procurar quais são mais importantes. Antes vimos que havia uma ideia que é a mais geral, vamos ver... Qual era? Ah! Sim! Parece-me que essa era a primeira frase, o primeiro parágrafo. Bom, se me pediram para que represente de forma hierárquica, essa deverá ir na parte superior do esquema... assim. Bom, e as outras? Não sei... os outros parágrafos me dizem coisas concretas sobre a bipartição: o parágrafo seguinte me informa como se produz... me diz que se produz através do estreitamento da membrana celular... e o outro parágrafo? Que me diz? Parece que traz exemplos de células que têm esse tipo de reprodução... Então... Onde os coloco? Bom, me parece que são menos importantes que o primeiro parágrafo, por isso vou colocar embaixo... Então... Se o primeiro parágrafo coloquei acima e os outros embaixo, já sei que no primeiro parágrafo está a ideia principal... vejamos... Será que a bipartição direta é uma forma de reprodução celular que consiste em uma divisão do núcleo celular em duas partes iguais? ... Sim, me parece que sim, porque se continuo lendo... o seguinte me informa o que acontece com a membrana celular quando ocorre a bipartição, e isso é apenas um aspecto concreto... Pois sim, a ideia principal é a que eu havia pensado...*

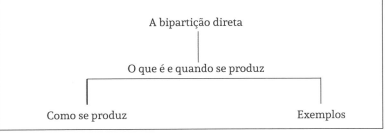

(A seguir, o professor do módulo encaminhará o debate elaborando as seguintes perguntas.)

- O que fiz enquanto estava lendo o texto?
- Que tipo de perguntas me fiz?
- Que tipo de problemas tive para entender o texto?
- Que estratégia utilizei para identificar a ideia principal?
- Em que consiste essa estratégia?
- Por que utilizei essa estratégia e não outra?
- Quando pode ser mais útil o emprego dessa estratégia?

Agora retornem ao seu lugar de professores e reflitam, por favor, sobre a utilidade desse tipo de instrução:

- Pensam que poderia ser útil aos seus alunos ter um exemplo do processo de pensamento – das estratégias utilizadas – que se produzem para compreender o essencial de um texto?

- Seria conveniente o uso simultâneo de ambas estratégias ou seria melhor exemplificá-las separadamente?

- Acreditam que um exemplo desse tipo seria suficiente para oportunizar que seus alunos se conscientizassem desse tipo de estrutura e que isso facilitasse a compreensão do texto?

(Escutam as opiniões dos participantes enfatizando aquelas que percebam que provavelmente isso seja suficiente para que alguns de seus alunos (os melhores leitores) enquanto que para os outros seria insuficiente. Depois continua como segue.)

· Bem, considerando que provavelmente a maioria dos alunos necessita de um tipo de estratégia mais direta, vamos ver, a seguir, como poderíamos realizar uma instrução direta, propriamente dita, com os alunos. Uma vez mais vou solicitar que vocês se coloquem no lugar dos alunos enquanto eu farei o papel de professor da classe.

c) Instrução direta

Agora vamos estudar o processo de identificação da estrutura textual de generalização e como se elabora a representação hierárquica das ideias de um texto.

· Algum de vocês recorda no que consiste a estrutura de generalização?

(Escutam as opiniões dos participantes, reforçando aquelas que se encaminhem para a resposta desejada. Considerando que no módulo anterior vimos a descrição das estruturas textuais, é esperado que as respostas se aproximem do seguinte: "a estrutura de generalização de um texto aparece quando a intenção do autor é fazer uma afirmação que consiste em uma descrição de aspecto geral e as outras frases tendem a esclarecer essa descrição ou são uma extensão da mesma. No primeiro caso o restante das frases explica a descrição geral, utilizando exemplos ou ilustrações. No segundo caso, quando são uma extensão do que está descrito, essas frases tendem a explicar de forma mais detalhada. Quando nos encontramos com um texto com esse tipo de estrutura, a ideia principal coincide com a afirmação de tipo geral que se faz no início do texto."

Pode ser que os participantes não explicitem a definição completa. Nesse caso o professor do módulo irá questionando até chegar nela. Depois se continua como a seguir.)

· Muito bem, parece que estamos de acordo em que a estrutura de generalização pode ser definida como *(neste momento se repete em voz alta a definição anterior e se escreve no quadro, dependendo dos meios disponíveis).* Ressaltamos ainda que textos com esse tipo de estrutura sempre têm uma ideia principal.

Por outro lado, em outros momentos também identificamos que costumam aparecer nos textos palavras ou expressões que denominamos indicadores que podem ser percebidos como indícios do tipo de estrutura textual que possuem. Algum de vocês lembra quais eram os indicadores que costumam aparecer com mais frequência nos textos de estrutura denominada generalização?

> *(Escutam as opiniões dos participantes, reforçando aquelas que contenham as palavras já comentadas. É esperado que os participantes mencionem palavras e expressões como: "por exemplo", conceitos que tenham sido mencionados na frase principal e que são retomados com frequência, para esclarecimentos ou complementos. O professor deve repetir em voz alta as palavras mencionadas acrescentando se faltar alguma e escrevendo-as no quadro, abaixo da definição da estrutura do texto. Depois continua.)*

· Bem, do que vimos até agora, podemos concluir algumas questões importantes sobre esse tipo de textos:

a) Que a presença de algumas palavras no texto pode contribuir para identificar a estrutura.

b) Que este tipo de texto sempre tem uma ideia principal e essa costuma aparecer de forma explícita nesse tipo de estrutura.

c) Que a ideia principal costuma aparecer no início do texto, apesar de que em algumas ocasiões isso não acontece.

d) Quando nos deparamos com textos desse tipo, em que o autor parte de uma afirmação geral e, continuando, explica essa afirmação, a melhor forma de saber qual é a ideia principal é:

a) Se está explícita, buscar a frase geral que engloba o restante das ideias do texto.

b) Se está implícita, tratar de resumir em uma frase o conjunto de razões, especificações, características, propriedades que o autor fornece para explicar ou apoiar a ideia de tipo geral que pretende comunicar.

A seguir, vamos rever tudo que estudamos até agora com um texto desse tipo (generalização). Numeramos as frases do texto para facilitar desse modo a sua representação.

(Apresenta um slide com o texto a seguir.)

4.4 O sistema nervoso autônomo

(1) O sistema nervoso autônomo ou sistema nervoso vegetativo regula a atividade (2) dos músculos lisos, (3) a atividade cardíaca (4) e o funcionamento de todas as glândulas do corpo humano. (5) O sistema nervoso vegetativo é, portanto, encarregado de regular todas as atividades necessárias não controladas voluntariamente. (6) Um exemplo da atividade do sistema nervoso autônomo é a secreção de uma substância denominada adrenalina. (7) Quando uma pessoa se defronta com um perigo (8) o sistema nervoso autônomo faz com que uma glândula produza adrenalina. (9) Essa acelera a atividade cardíaca (10) e "coloca em tensão" os músculos, (11) que assim se preparam para enfrentar o possível perigo. (12) Todos sabemos o que acontece quando temos medo de algo: (13) nosso coração bate mais rapidamente, (14) ficamos tensos e prontos a reagir a qualquer momento etc. '15) e tudo isso não podemos controlar.

· Lido esse texto, vamos analisar o processo a seguir para determinar se é possível incluí-lo no grupo de textos com estrutura de generalização, sempre relembrando as características desse tipo de estrutura.

Característica 1: Afirma que "esse tipo de textos começa normalmente com uma descrição de tipo geral". Nesse texto esse critério é atendido?

(Escutam as opiniões dos participantes, enfatizando aquelas que apontem que a descrição geral é a seguinte: "o sistema nervoso vegetativo e, portanto, encarregado de regular todas as atividades necessárias não controladas voluntariamente". (Frase 5). Nesse ponto é possível que surjam discrepâncias em torno da informação geral: se é todo o primeiro parágrafo e não apenas

a frase que acabamos de mencionar ou se, pelo contrário, é a primeira frase "o sistema nervoso autônomo ou sistema nervoso vegetativo regula a atividade..." Se acontecer isso, o professor do módulo deverá discutir com os participantes o nível de generalização de cada uma das frases, encaminhando para que na segunda frase a informação é mais geral que na primeira porque não especifica com detalhes quais são as funções que são reguladas pelo o sistema nervoso autônomo. A seguir, continuamos.)

· Então, podemos concluir que esse texto cumpre com o primeiro critério?

(Escutam a opinião dos participantes, enfatizando aquelas que afirmam que sim. É possível que alguém comente que a informação mais geral, nesse caso, não aparece na primeira frase, mas na continuação. Se isso acontecer, é preciso mencionar que, ainda que o mais frequente nesse tipo de texto seja que a descrição geral apareça em primeiro lugar, nem sempre isso acontece. Nesse texto, entretanto, aparece logo no início, no primeiro parágrafo. O professor concluirá afirmando que o critério é atendido nesse texto.)

· Muito bem, efetivamente a frase mais geral é: O sistema nervoso vegetativo é, portanto, encarregado de regular todas as atividades necessárias não controladas voluntariamente. A que número corresponde essa frase? Muito bem, ao número 5. Como afirmamos que era a mais geral, a colocamos no nível mais alto da hierarquia. O professor escreve no quadro o número 5. Enquanto vamos analisando o resto das frases, veremos onde podem ser colocadas em relação ao número 5.

· Bem, ainda que tenhamos percebido que o primeiro critério foi atendido para esse texto ser de estrutura do tipo generalização, não é suficiente para afirmar, com segurança, o tipo de estrutura do texto. Isso se dá porque sabemos que existem outros textos que começam com uma afirmação de caráter geral e que não são do tipo generalização. Vamos, então, continuar para ver se o texto atende a outros critérios.

Característica 2: Se continuamos analisando a definição dada desse tipo de estrutura textual, encontramos que "o resto das frases do texto tendem a esclarecer a afirmação de caráter geral, seja oferecendo exemplos ou explicações mais detalhadas dela". Vocês percebem que o segundo critério também é atendido nesse texto?

O procedimento para checar se o critério é atendido é ir lendo frase por frase, determinando se são exemplos ou uma explicação da ideia geral.

(Neste momento, o professor do módulo vai lendo cada uma das frases em voz alta e perguntando o que pensam os participantes, ou também pode solicitar que cada um leia uma frase do quadro ou do slide. Enquanto vão avançando nesse processo, ele vai escrevendo no quadro o seguinte diagrama:)

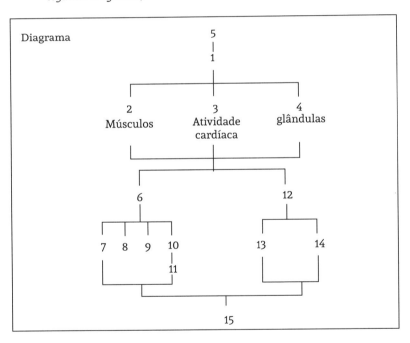

- Vamos ver como podemos resolver essa dúvida no nosso diagrama.

A frase 1: "O sistema nervoso autônomo ou sistema nervoso vegetativo..." que relação tem com a frase 5: "O sistema nervoso vegetativo é, portanto, encarregado de regular todas as atividades necessárias não controladas voluntariamente". *(É esperado que os participantes mencionem que é uma especificação da 1.)*

· Bem, considerando que a frase 1 é uma especificação da 5, ela está localizada abaixo dela, no diagrama. Não obstante, ainda que a frase 1 anunciava que algo seria especificado, não detalhava o quê. Onde encontramos essa especificação?

(Escutam as opiniões dos participantes, destacando as que mencionem as frases 2, 3 e 4, ou seja, a atividade dos músculos lisos, a atividade cardíaca e o funcionamento de todas as glândulas do corpo humano. Continua como segue.)

· Bem, como acabamos de ver, as frases 2, 3 e 4 são especificações da frase 1. Portanto, como a colocaremos no diagrama, ligada na 5 ou ligada na 1?

(Como foi especificado claramente que essas frases são especificações da frase 1, é esperado que os participantes mencionem que deveriam estar ligadas a 1. O professor continua como segue.)

· Parece que estamos de acordo que as frases 2, 3 e 4 deveriam estar ligadas à frase 1, mas será que todas têm importância igual ou umas são mais importantes do que as outras?

(Como o autor está enumerando as diferentes atividades que são reguladas pelo sistema nervoso autônomo, não podemos considerar que uma frase seja mais importante do que a outra, por esse motivo situamos as três no mesmo nível no diagrama.)

· Vamos analisar a frase seguinte: "Um exemplo da atividade do sistema nervoso autônomo é a secreção de uma substância denominada adrenalina". É um exemplo ou uma explicação?

(Escutam as opiniões, enfatizando as que afirmam que é um exemplo. Se há alguma dúvida, o professor deve ressaltar o fato de que a comparação sempre é feita em relação à ideia mais geral.)

· Agora vamos ver como representar essa frase. Onde sugerem colocá-la no diagrama?

(Como já vimos (na análise prévia da estrutura textual) que essa frase é um exemplo da frase mais geral, a 5, é de se esperar que os participantes não tenham problemas em determinar que a frase 6 pode estar ligada a todas.)

• Bem, concordamos que a frase 6 está ligada às frases do primeiro parágrafo. A forma de representar isso é unir com uma linha as frases 2, 3 e 4 e ligar à 6. *(Mostra isso no diagrama.)*

- Continuamos com a frase seguinte: "Quando uma pessoa se defronta com um perigo, o sistema nervoso autônomo faz com que uma glândula produza adrenalina". Trata-se de um exemplo ou de uma explicação?

(Escutam as opiniões dos participantes, enfatizando aquelas que se refiram a uma explicação, mas nesse caso não da explicação geral, mas de um exemplo proposto.)

- Essa acelera a atividade cardíaca (10) e "coloca em tensão" os músculos, (11) que assim se preparam para enfrentar o possível perigo. Refere-se a um exemplo ou a uma explicação?

(Escutam as opiniões dos participantes, enfatizando aquelas que se referem a uma explicação, como a anterior, não da explicação geral, mas de um exemplo proposto.)

- Agora, vejamos como representar as frases 7, 8, 9, 10. O que estão descrevendo essas frases?

(É esperado que os participantes mencionem que essas frases estão descrevendo o processo de secreção da adrenalina. Se mencionam, o professor reforça. Se não, o professor explicitará, depois seguindo como descrito.)

• Bem, visto que essas frases estão descrevendo um processo, não podemos dizer que uma seja mais importante do que a outra, sendo assim, representamos todas no mesmo nível.

(Escreve no quadro.)

(O fato de que a afirmação anterior tenha sido feita explicitamente sem que os participantes tenham refletido sobre ela se deve ao fato de que eles ainda não conhecem a estrutura sequencial e nem como se a representa. Estes aspectos serão vistos nos módulos posteriores.)

- Por outro lado, a frase 11, como é uma especificação da 10, será colocada debaixo dessa.

- Todos sabemos o que acontece quando temos medo de algo: nosso coração bate mais rapidamente, ficamos tensos e prontos a reagir a qualquer momento etc. Trata-se de um exemplo ou uma explicação?

(Escutam as opiniões dos participantes, enfatizando aquelas que se refere a um exemplo.)

• Pois bem, considerando que essa frase é outro exemplo, onde a situaremos no diagrama?

(Escutam as opiniões dos participantes enfatizando aquelas que indicam que deveria ficar localizada no mesmo nível da frase 6, pois ambas são exemplos. Se isso não acontecer, o professor deverá dizer. Depois coloca o número 12 no mesmo nível do 6 e continua como segue.)

- Agora vamos ver onde situamos as frases 13 e 14. Que informações estão contidas nessas frases?

(Escutam as opiniões dos participantes, enfatizando aquelas que afirmem que as frases estão descrevendo o que acontece com o corpo humano quando estamos com medo de algo, o que faz com que as frases 13 e 14 estejam ligadas à frase 12. O professor precisa enfatizar que as duas têm o mesmo nível de importância, e, portanto, no gráfico precisam ficar no mesmo nível. O professor faz isso no diagrama e continua como segue.)

- "...*e tudo isso não podemos controlar*". Essa frase é um exemplo ou uma explicação?

(O grupo manifesta suas opiniões, e o professor reforça as que afirmem que se trata de uma explicação, ainda que nesse caso seja em relação a dois exemplos.)

- Finalmente, vamos ver onde situamos essa frase (a 15). Como acabamos de ver, a frase 15 é uma especificação de dois exemplos. Sendo assim, vamos situar essa frase embaixo dos exemplos, da seguinte forma. *(O professor representa, conforme está no diagrama.)*

• Depois do que realizamos, podemos concluir que o segundo critério dos textos desse tipo foi atendido?

(O grupo escuta as opiniões dos participantes, reforçando aquelas que afirmem que efetivamente o segundo critério foi atendido. Depois o professor continua como segue.)

No entanto, pode ser que encontremos textos em que a estrutura não seja tão evidente como o que acabamos de comentar. Por exemplo, é possível que, entre frases explicativas ou exemplos, o autor introduza uma comparação ou uma classificação.

O que é preciso considerar sempre é que existe uma **estrutura predominante**, e que dentro dela, em alguma de suas partes, podem aparecer subestruturas de outro tipo, mas que serão sempre subordinadas a ela.

Característica 3: Na descrição da estrutura de generalização, afirmamos que nela frequentemente aparecem palavras, que denominamos de indicadores, que contribuem para a identificação da estrutura. No caso desse texto, foram utilizadas algumas dessas palavras?

(Escutam as opiniões dos participantes, o professor reforça as que indiquem que apareceram palavras como "por exemplo", também que alguns conceitos aparecem e depois voltam a ser mencionados.)

• Então, podemos concluir que o terceiro critério também foi atendido?

(Escutam as opiniões dos participantes, o professor reforça as que são adequadas, ou seja, que percebam que o critério foi atendido. Depois continua como a seguir.)

• Mesmo que o terceiro critério tenha sido atendido, pode acontecer de nos encontrarmos com textos nos quais não apareçam essas palavras indicadoras, pois é uma opção do autor utilizar ou não. Por isso, quando aparecem, oferecem bons indícios da estrutura em questão, mas o fato de que não apareçam, não é critério para excluir a identificação de determinada estrutura.

No texto que estamos analisando, comprovamos que os critérios assinalados para esse tipo de estrutura foram atendidos. Portanto, podemos afirmar que se trata de um texto com estrutura de generalização.

Além disso, uma vez terminada a representação, temos o modelo de como as ideias estão organizadas no texto. Pois bem, considerando: o conceito de ideia principal, que o texto apresenta uma estrutura de generalização e a representação das ideias que realizamos, qual é a ideia principal desse texto?

(Escutam as opiniões dos participantes, o professor reforça as que indiquem que a ideia principal está contida na frase 5. É possível aceitar também respostas que façam uma combinação das frases 1 e 5: "O sistema nervoso vegetativo ou sistema nervoso autônomo é o encarregado de regular todas as atividades necessárias não controladas voluntariamente: a atividade cardíaca, a dos músculos e a secreção das glândulas". Depois continua como a seguir.)

Agora vamos pensar que elementos temos incluído em nossa ideia principal. Como vocês podem lembrar, em módulos anteriores, afirmamos que a ideia principal deveria incluir o tema do texto e aquilo que o autor afirma sobre o tema.

• Nesse texto, qual é o tema? *(É esperado que os participantes mencionem o sistema nervoso central.)* E o que o autor afirma sobre o tema? *(É esperado que os participantes mencionem "é o encarregado de regular as funções...")* Como podem perceber, isso é justamente o que aparece na ideia principal que identificamos; portanto, podemos estar relativamente seguros de que a informação que destacamos como importante está completa, precisa e não é redundante.

• Bem, o que pensam sobre essa fase de instrução direta da representação hierárquica do texto? Pensam que mostrei, expliquei, demonstrei e exemplifiquei suficientemente o processo a seguir para identificar a estrutura de generalização e para representar hierarquicamente suas ideias?

(Escutam todas as opiniões dos participantes e encaminha o debate à adequação das opiniões e contribuições propostas. Se o grupo concorda que as ideias propostas são relevantes, o professor solicita que listem essas ideias e que as utilizem quando forem ensinar aos seus alunos. Além disso, passa a considerá-las na formação em curso.)

• Porque vocês pensam que fui fazendo tantas perguntas?
(Escutam todas as opiniões dos participantes e reforçam as que afirmem que o objetivo era fazer com que os alunos fossem ativos (o que é uma característica dos programas de instrução direta). O propósito de fazer perguntas é que os professores se conscientizem da importância de que os sujeitos em seus processos de aprendizagem se esforcem para elaborar suas respostas e não sejam meros receptores passivos do que o professor afirma.)

• Vocês pensam que podem ensinar a seus alunos a identificar a estrutura de generalização e a representar hierarquicamente suas ideias através desse método?
(Escutam as opiniões dos participantes. É esperado que respondam afirmativamente, pois já devem ter chegado a uma conclusão parecida no debate da pergunta anterior.)

d) Prática das estratégias

Como já vimos no módulo anterior, existe outros tipos de textos que poderiam ser incluídos nos tipos descritivos, como os enumerativos. Agora é o momento em que vamos colocar em prática o que foi aprendido nesse módulo sobre o ensino das estruturas textuais. Vamos utilizar um tipo de texto no qual, como o de generalização, seu objetivo é, além de descrever, oferecer uma lista de atributos sobre o objeto descrito. O texto com o qual vamos trabalhar é a "Separação de uma mistura em seus componentes".

DICAS PARA O PROFESSOR

1) Definição: a característica da estrutura enumerativa ocorre quando o autor lista uma série de fatos ou de características, uma depois da outra. Há dois tipos de enumeração:

    1) Específica: a lista de fatos aparece numerada, ou em tópicos.

    2) Inespecífica: a lista de fatos ou características aparece em formato de parágrafo, sem numerar.

2) Indicadores: ...tais propriedades ou características: primeiro, segundo...

· Leiam o texto a seguir:

4.5 Separação de uma mistura em seus componentes

(1) Os componentes de uma mistura sempre podem ser separados. (2) Existem vários procedimentos para conseguir essa separação. (3) Todos se baseiam no fato de que as substâncias que se deseja separar possuem diferentes propriedades físicas. (4) Entre os possíveis procedimentos que podem ser utilizados para separar os componentes de uma mistura podemos destacar os seguintes:

(5) 1. Filtragem – (6) Esse procedimento se baseia no fato de que algumas substâncias são capazes de atravessar um filtro, enquanto outras são retidas por ele. (7) Por exemplo, uma mistura de farinha com água pode ser separada através de um filtro.

(8) 2. Sedimentação – (9) Esse procedimento se baseia no fato de que umas substâncias se depositam antes do que outras no fundo de um recipiente que as contém. (10) Assim é possível separar uma mistura de cascalho com areia (11) se essa mistura for agitada em um recipiente cheio de água e (12) depois se deixar em repouso. (13) Passado um tempo, (14) o cascalho se depositará no fundo do recipiente, (15) enquanto a areia formará uma camada por cima do cascalho.

(16) 3. Evaporação – esse procedimento está baseado no pressuposto que algumas substâncias evaporam no ar ou quando são moderadamente aquecidas, enquanto outras não evaporam. (18) Se colocarmos no fogo um recipiente com água salgada, (19) ao final de algum tempo a água terá se evaporado (20) e no fundo do recipiente ficará apenas o sal.

(21) 4. Destilação – (22) Esse procedimento parte do princípio de que nem todos os líquidos fervem na mesma temperatura, (23) de maneira que, quando se esquenta uma mistura de líquidos, (24) um ferve e se transforma em vapor antes que o outro. (25) Esse vapor pode ser recolhido e esfriar em outro recipiente, (26) com o que se transformará novamente em líquido. (27) O ar pode ser separado de seus componentes através da destilação.

(28) 5. Dissolução – (29) Este procedimento parte da ideia de que algumas substâncias são solúveis em determinados tipos de solventes, enquanto outras não se dissolvem. (30) Assim, por exemplo, o pigmento verde das folhas (a clorofila) pode ser extraída com álcool quente (31) já que esse pigmento é solúvel neste líquido, (32) enquanto que outros componentes da folha não se dissolvem no álcool.

Representação

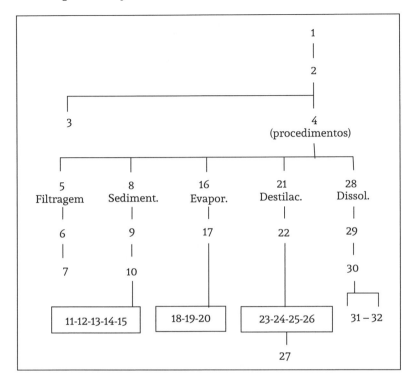

3 Produção textual com o objetivo de descrever algo partindo de uma característica geral

Quando solicitamos aos alunos que elaborem um texto sobre um determinado tema, não desejamos apenas que eles explicitem o conhecimento sobre o tema, mas também que esses conhecimentos estejam organizados em uma estrutura adequada.

Como já vimos nos módulos anteriores, a estrutura do texto está relacionada ao objetivo do escritor; sendo assim, o escritor necessita escolher uma estrutura ou outra dependendo de sua intenção comunicativa.

Nesse sentido, nosso objetivo neste momento é que os alunos se conscientizem da possibilidade de utilizar diferentes ferramentas – estruturas retóricas – para comunicar um conteúdo específico. Nesse exemplo concreto vamos ver como poderíamos ensinar aos alunos produzir um texto com o propósito de descrever as características gerais de um determinado objeto ou fenômeno. E isso, como vamos ver na continuação, está diretamente relacionado com o que estudamos até agora sobre a compreensão dos textos com a estrutura denominada generalização. Ou seja, **partimos da suposição que o conhecimento da estrutura do texto contribui tanto para seus processos de compreensão como de produção, e que os dois processos interatuam**.

Até agora, o que vimos neste módulo foi como identificar a estrutura (o propósito comunicativo do autor) em um determinado texto para, a partir dela, representá-lo e identificar a ideia principal. Não obstante, neste momento, vamos refletir sobre o processo contrário, ou seja, dado um determinado propósito (nesse caso, descrever as características gerais de um fato), ou o que é o mesmo, uma determinada estrutura (nesse caso, de generalização) vamos produzir um texto.

Pois bem, na continuação vamos refletir sobre o processo que seguimos para produzir um texto, para depois ver como podemos ensinar esse processo aos alunos. Imaginem, por um momento, que precisam elaborar um texto que fale das "células e dos tecidos" para explicar aos alunos do 7º ano da educação básica. O primeiro passo, qual seria?

(O grupo escuta as opiniões dos participantes e o professor enfatiza aquelas que encaminhem para a ideia de que o que se deve fazer primeiro é pensar e listar ideias sobre o conteúdo que se deseja incluir nesse texto. Se os participantes não mencionam esse aspecto, o professor do módulo deve fazê-lo e continua como descrito a seguir.)

• Considerando que provavelmente não temos os mesmos conhecimentos sobre determinado tema, na primeira tarefa de produção textual que faremos nesse programa, vou fornecer as ideias que precisam aparecer no texto.

• Por favor, leiam as seguintes ideias, supondo que são sobre o tema que vamos descrever:

(No quadro ou no multimídia se apresenta a lista de ideias.)

1) Os organismos estão formados por muitas células agrupadas de uma maneira determinada.

2) Todos os seres vivos, com exceção dos minúsculos, são formados por muitas células.

3) As células são as unidades básicas que compõem os organismos.

4) As células se agrupam formando tecidos.

5) As células só foram identificadas depois da invenção do microscópio.

• Bem, como já sabemos o conteúdo que pretendemos comunicar, qual o próximo passo que deveremos dar em direção a nossa produção textual sobre as células e os tecidos?

(Escutam as opiniões dos participantes e o professor enfatiza as que mencionem que o próximo passo seria organizar as ideias do texto, ou seja, planejar a forma como vamos comunicá-las.)

• Bem se considerarmos as ideias anteriores, parece que temos clareza do conteúdo que queremos comunicar, mas como assinalamos anteriormente, os conteúdos são organizados de uma forma ou de outra dependendo da estrutura (propósito). Neste momento, nós desejamos organizar esses conteúdos seguindo uma estrutura de generalização.

• Sabemos também que a organização das ideias de um texto é hierárquica. Pois bem, considerando esses dois fatores – a estrutura de generalização e a organização hierárquica das ideias – o próximo passo será determinar quais dessas ideias são mais gerais e quais menos.

• Das cinco ideias anteriores, qual lhes parece a que tem um maior grau de generalização?
> *(Escutam as opiniões dos participantes. É possível que mencionem que as ideias com maior grau de generalização são a 2 e a 3. Se não ocorrer assim, será necessário solicitar que repensem e decidam qual é a que tem maior grau de generalização. Considerando que o título do texto é "as células e os tecidos" é possível que a ideia 3 seja mais ampla que a 2, sendo essa última uma especificação da 3. Continua.)*

• Bem, como determinamos que a ideia 3 é a mais geral e a 2 uma especificação da 3, se seguirmos o sistema de representação do modo como já fizemos com outros textos, colocaremos a ideia 3 na parte superior do gráfico e, ligada a ela, a ideia 2.
(Começa o diagrama no quadro.)

• Continuando, vamos analisar como se relacionam as outras ideias com a número 3. Começamos com a 1. O que essa ideia está nos informando em relação à ideia 3?
> *(Escutam as opiniões dos participantes e o professor enfatiza as que mencionem que a ideia 1 é uma especificação da 3 e, portanto, da 2. Sua localização no diagrama, então, será ligada a ideia 2.)*

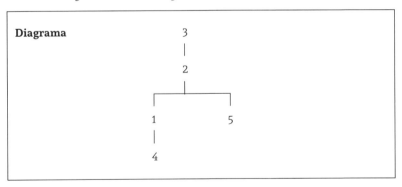

• E a ideia 4, o que nos informa? Como se relaciona com as outras ideias?
> *(Escutam as opiniões dos participantes e o professor enfatiza as que mencionem que a ideia 4 é uma especificação. Se isso não acontece, o professor do módulo deverá mencionar que se trata de uma especificação da ideia 1 e não da 3. Portanto, sua localização no diagrama será ligada à ideia 1.)*

- Finalmente, resta apenas a ideia 5. O que está nos informando?

(Escutam as opiniões dos participantes e o professor enfatiza as que mencionem que a 5 é uma especificação da 3. Sendo assim, no diagrama deverá ficar no mesmo nível da ideia 1, visto que tratam de especificações diferentes. Se isso não for mencionado pelos participantes, o professor do módulo deverá explicitar. Se representa a ideia no diagrama e continua como segue.)

Uma vez que analisamos os níveis de importância das ideias do texto, o passo seguinte será elaborá-lo, considerando sempre a nossa finalidade comunicativa. Portanto, a tarefa neste momento será produzir um texto com a estrutura de generalização.

Lembrem-se de que, com o objetivo de facilitar a identificação da estrutura (e, portanto, da ideia principal) de seus futuros leitores, vocês podem utilizar certas palavras como indicadores desse tipo de estrutura. Recordam quais são essas palavras?

(Oferece algum tempo para que os participantes lembrem as palavras: "por exemplo", e conceitos que tenham aparecido na frase principal e que são retomados para fazer esclarecimentos ou detalhá-los.)

Agora, por favor, escrevam um texto sobre o tema assinalado – "as células e os tecidos", utilizando as ideias que foram listadas (e outras que desejarem), organizando em uma estrutura de generalização.

(Avisa que os participantes têm 15 minutos para elaborar o texto, depois desse tempo, divide a classe em grupos de 3 ou 4 elementos (dependendo do número de participantes, solicita que discutam a adequação dos textos produzidos com relação aos seguintes critérios:
- Estrutura de generalização.
- Uso dos indicadores anteriormente citados, analisando a adequação desses.
- A forma como organizaram as ideias facilita a identificação da ideia principal pelo leitor?)
Depois que os grupos tiverem analisado os textos, socializam as análises e refletem sobre os textos produzidos, indicando adequações, se necessário for.)

- O que realizamos até agora em relação à produção de textos é apenas uma primeira aproximação, considerando que as ideias que deveriam aparecer no texto já estavam determinadas. No entanto, em uma produção real, é preciso que nossas próprias ideias sobre o tema sejam mobilizadas. Portanto, na continuação, cada um de vocês vai escolher um tema que lhes seja familiar (para nos assegurar que tenham conhecimento prévio sobre o tema) e tentem escrever um texto com a estrutura de generalização, considerando que o texto será direcionado para o nosso grupo.

• Lembrem-se de que os passos a seguir para escrever um texto são:

(O professor do módulo solicita aos participantes que indiquem os passos e vai listando no quadro, de modo que no final apareçam as seguintes estratégias:

1) Listar todas as ideias possíveis sobre o tema.

2) Determinar o grau de generalização de cada ideia.

3) Representar hierarquicamente cada ideia.

4) Considerando a representação hierárquica e a estrutura, elaborar o texto utilizando os indicadores adequados.

O professor informa que dispõem de 20 minutos para a tarefa. Passado esse tempo, procede da mesma forma que no caso anterior: discussão em pequenos grupos e com o grande grupo. Nesse debate é preciso salientar o critério de "compreensibilidade do texto", ou seja, que os participantes leiam as produções dos outros e intentem determinar qual é a ideia principal que pretenderam comunicar. Se a ideia identificada não coincide com a intenção do autor, este deverá revisar e modificar seu texto até conseguir que os leitores indiquem no texto a informação que ele pretendeu transmitir. Para realizar isto, tanto os leitores quanto os escritores anotarão as ideias principais dos textos e vão comparar com as que os colegas indicarem.

*O objetivo dessa atividade é que os participantes se conscientizem de que **o processo de composição de um texto não finaliza quando alguém o escreveu**, e que é preciso revisar o texto de acordo com critérios de coerência e compreensão. A seguir continua como descrito.)*

• Como já vimos como produzir um texto com uma estrutura determinada, eu gostaria que debatêssemos sobre a utilidade prática que essa aprendizagem pode ter para vocês e para os alunos.

(Escutam as opiniões dos participantes. Após, se não houver sido apontado, o professor destacará que a utilidade para os participantes pode se apresentar quando eles quiserem/precisarem produzir um livro de textos. Nesse sentido, produzir textos com essa estrutura facilitará a compreensão dos alunos sobre o tema.)

Para finalizar este módulo, e como vamos sistematizar em outros, vamos relembrar alguns aspectos que precisam estar presentes na instrução da estrutura de texto de generalização, tanto no que tange à produção como à compreensão.

(A seguir o professor apresenta alguns slides lendo o conteúdo em voz alta.)

Slides-*síntese*

Procedimentos:

a) Para o processo de compreensão textual

1) Ativar o conhecimento prévio sobre um determinado texto, tanto no que se refere ao conteúdo quanto à estrutura.

2) Ensinar como se identifica a estrutura a partir dos indicadores. Se esses não aparecem e o tipo de estrutura não está claro, passar ao item 3.

3) Ensinar como se representa as ideias do texto. Isso pode nos ajudar a identificar a estrutura.

4) Ensinar a identificar a ideia principal tanto a partir da estrutura como a partir da representação. No caso de textos descritivos, enumerativos ou de generalização, a informação do texto pode se apresentar de diversas maneiras, tais como:

- O autor descreve propriedades dos objetos. Nesse caso, a ideia principal é a frase que resume o que tem em comum as propriedades do objeto descrito. Se a ideia principal está implícita, o leitor deverá construir uma frase de caráter geral que resuma o que tem em comum as propriedades dos objetos descritos. (Exemplo básico: Pedro comeu *picanha*, *costela*, *alcatra* e *coração* no almoço. Ideia principal: Ele comeu carne no almoço.)

- O autor afirma uma frase de caráter geral e a seguir fornece explicações ou razões dos motivos que apoiam essa afirmação. Nesse caso, se está explícita, a ideia principal é a frase mais geral; se, ao contrário, estiver implícita, será preciso resumir o conjunto de razões em uma ideia geral que as englobe.

- O autor parte de uma afirmação geral e a seguir exemplifica. Nesse caso, a ideia principal será a afirmação geral.

5) Ensinar aos alunos que esse tipo de estrutura costuma ter uma ideia principal e que geralmente essa é explicitada no início do texto, ainda que nem sempre aconteça.

6) Ensinar essas estratégias é importante, mas também o é A FORMA DE ENSINÁ-LAS. Nosso objetivo é que os alunos tomem consciência do seu próprio processo de compreensão, que o encaminhem e que o autorregulem. Para isso se pretende que ao final de cada sessão fiquem claros os seguintes aspectos:

a) Que tipo de estratégia utilizaram.

b) Por que utilizaram essa e não outra.

c) Quando se deve utilizar essa estratégia.

d) Como se utiliza.

Para que esses aspectos fiquem claros, utiliza-se uma primeira fase de exemplificação, depois a explicação direta e a seguir é necessário que os alunos pratiquem as estratégias aprendidas, guiados pelo professor.

b) Para o processo de produção textual

1) Ativar o conhecimento sobre o tema que se vai escrever, tanto no que se refere ao conteúdo quanto ao modo de estruturar as ideias e o público para o qual se direciona.

2) Ensinar a produzir as ideias sobre um tema determinado.

3) Ensinar a hierarquizar as ideias que foram produzidas.

4) Ensinar a representar essas ideias.

5) Ensinar a produzir um texto com estrutura de generalização utilizando os indicadores característicos desse tipo de texto.

6) Ensinar a revisar o escrito e a modificá-lo em função dos critérios de coerência e compreensão.

MÓDULO 5
Textos de classificação e comparação-contraste

1 Objetivos

Os professores devem ser capazes de ensinar seus alunos a:
- Identificar a estrutura de classificação ou de comparação-contraste.
- Representar hierarquicamente as ideias de um texto com essa estrutura.
- Identificar a ideia principal desse tipo de textos.
- Produzir textos com o objetivo de classificação ou de comparação, utilizando para isso o método de instrução direta.

Além desse, temos os seguintes objetivos específicos:
- Dado um texto com estrutura de classificação ou de comparação-contraste, o leitor deve ser capaz de identificar de que tipo de estrutura se trata, apoiando-se nas pistas fornecidas pelo texto.
- Uma vez que o leitor tenha identificado o tipo de estrutura, deve ser capaz de fazer uma representação hierárquica das ideias que aparecem no texto.
- O leitor deve ser capaz de identificar a ideia principal do texto de estrutura classificativa ou de comparação--contraste com base tanto na sua estrutura como na representação hierárquica das ideias.

- O sujeito deve ser capaz de produzir um texto direcionado por um objetivo específico de comunicação. Para isso, deve utilizar os conhecimentos da estrutura e da representação hierárquica do texto.

2 Estrutura de classificação
a) Introdução

No módulo anterior vimos como identificar a estrutura, como representar as ideias do texto, como identificar a ideia principal e como produzir textos com estrutura de generalização. Nesse módulo vamos proceder do mesmo modo, mas para isso vamos estudar **como ensinar aos alunos** a estrutura classificativa. Isso é importante porque frequentemente nos livros de textos didáticos o autor utiliza a classificação com a intenção de mostrar ao leitor as características de determinados grupos. Um aluno que não compreenda o tipo de estrutura que o autor está utilizando pode lembrar apenas detalhes de algum grupo concreto e não a ideia principal desse tipo de texto, que é a classificação estabelecida.

Para procedermos o ensino vou adotar o papel de seu professor, para assim vivenciarmos um tipo de interação que poderão manter com seus alunos para ensinar-lhes a identificar a estrutura de classificação. Com esse objetivo, vou pedir para que assumam o papel de seus alunos para interagirmos do modo mais parecido possível com o que acontece em suas aulas.

DICAS PARA O PROFESSOR

Estrutura: classificação

a) Definição: a estrutura classificatória em um texto aparece quando o autor separa grupos de objetos ou organiza-os em função de determinadas características.

b) Indicadores: expressões como: podem ser agrupados...; foi possível distinguir dois grupos...; podem ser classificados em função...; as características do primeiro grupo...; é possível de dividir em dois grupos... etc.

> **Estrutura: comparação-contraste**
>
> **a) Definição:** a estrutura de comparação-contraste aparece em um texto quando o objetivo do autor é examinar as relações entre duas ou mais coisas ou entre grupos de coisas. A comparação se realiza tanto ao se analisar as semelhanças quanto as diferenças.
>
> **b) Comparação-contraste:** expressões como: o contraste com, ao contrário, semelhante a, em lugar de, é igual que, com relação a, por outro lado, enquanto que, igual ou maior que, menor que etc.

b) Exemplo

Aqui temos um exemplo do que vamos estudar hoje, um texto com estrutura de classificação.

(Na continuação o professor apresenta o texto (distribuindo cópias ou proje-tando um slide *com o texto) "A musculatura". Na cópia do professor está colocada entre parênteses a descrição de possíveis pensamentos que poderiam ir tendo enquanto se lê o texto.)*

Por favor, vão acompanhando o texto enquanto eu leio.

5.1 A musculatura

(1) Os músculos têm (2) o papel de impulsionar todos os movimentos e deslocamentos que o ser humano realiza para cumprir uma missão de relação. (3) No corpo humano existem três tipos de músculos: (4) os estriados, (5) os lisos e (6) os cardíacos.

(7) Os músculos estriados formam a "carne" do corpo e normalmente estão unidos por ossos. (8) A contração e relaxamento desses músculos estriados produz o movimento dos ossos. (9) Esses músculos somente se movem se recebem uma ordem do sistema nervoso central. (10) São, portanto, músculos que realizam movimentos voluntários.

(11) Os músculos lisos se encontram nas paredes dos órgãos do aparelho digestivo, nos vasos sanguíneos e na bexiga. (12) Esses músculos se movem involuntariamente, de maneira automática e contínua, (13) e não respondem a ordens do sistema nervoso central, mas são controlados pelo sistema nervoso autônomo. (14) O movimento dos órgãos do aparelho digestivo é um exemplo da atuação dos músculos lisos.

(15) Os músculos cardíacos são músculos do coração. (16) Como os lisos, os músculos cardíacos também são involuntários, (17) mas ambos tipos de músculos se diferenciam muito pelo seu formato. (18) O coração bate de maneira rítmica e involuntária durante toda nossa vida.

(19) Os músculos estão formados por feixes de células unidas diretamente umas às outras, sem substância intercelular. (20) As células musculares são alargadas e (21) costumam ter vários núcleos, (22) recebem o nome de fibras musculares.

5.2 A musculatura (incluindo os pensamentos do professor)

A musculatura *(esse título, eu creio que o texto vai falar de como são os músculos que temos em nosso corpo... ou talvez fale para que servem. Bom, vou seguir lendo para verificar).* Os músculos têm o papel de impulsionar todos os movimentos e deslocamentos que o ser humano realiza para cumprir uma missão de relação. *(Efetivamente, parece que me informa que os músculos servem para que nos movamos e para irmos de um lugar a outro, mas... que é a função de relação? Não sei...vou seguir lendo para ver se esclarece mais adiante.)*

No corpo humano existem três tipos de músculos: os estriados, os lisos e os cardíacos. *(Essa frase menciona os tipos de músculos que temos... que curioso, eu pensava que todos os músculos eram iguais! Bem, parece que o autor vai explicar o que caracteriza esses três tipos de músculos, vou seguir lendo...)*

Os músculos estriados formam a "carne" do corpo e normalmente estão unidos por ossos. *(hummm... a carne do corpo? O que é isso? Também afirma que estão unidos por ossos... esses devem ser os músculos que eu já conhecia... ah! Já sei porque diz "a carne"... porque se, por exemplo, eu toco no meu braço, estou tocando meu músculo... bem, vou seguir lendo.)* A contração e relaxamento desses músculos estriados produz um movimento dos ossos. *(Ah! Ou seja, que esses músculos se contraem e se relaxam e isso é o que possibilita que possamos mover os braços e as pernas...)* Esses músculos somente se movem se recebem uma ordem do sistema nervoso central. São, portanto, músculos que realizam movimentos voluntários. *(Claro! Se eu quero mover meu braço ou minha perna posso fazê-lo quando quero... posso controlar esses movimentos...)*

Os músculos lisos se encontram nas paredes dos órgãos do aparelho digestivo, nos vasos sanguíneos e na bexiga. *(Ah! Agora está falando de outro tipo de músculo... os lisos, antes eram os estriados. Em que se diferenciam? Quais são as características desses músculos?)* Esses músculos se movem involuntariamente, de maneira automática e contínua, e não respondem a ordens do sistema nervoso central, estão controlados pelo sistema nervoso autônomo. *(Claro! Esses músculos não podem ser movimentados quando alguém quer... esta deve ser a diferença... que sejam controlados pelo sistema nervoso central ou pelo autônomo... efetivamente... se eu penso... claro que não posso mover os músculos do meu estômago quando quero...)* O movimento dos órgãos do aparelho digestivo é um exemplo da atuação dos músculos lisos. Os músculos cardíacos são músculos do coração. Como os lisos, os músculos cardíacos também são involuntários, mas ambos tipos de músculos se diferenciam muito pelo seu formato. O coração bate de maneira rítmica e involuntária durante toda nossa vida. *(Bem, parece que esses músculos também são involuntários... logo, também estão controlados pelo sistema nervoso autônomo... Bem, até agora o que me foi informado pelo texto?... Que existem três tipos de músculos: estriados, lisos e cardíacos, e cada um desses tipos tem determinadas características... Bem, vou seguir lendo para ver o que o autor me diz na continuação...)*

Os músculos estão formados por feixes de células unidas diretamente umas às outras, sem substância intercelular. As células musculares são alargadas e costumam ter vários núcleos, recebem o nome de fibras musculares. *(Agora já não está me falando de cada um dos tipos de músculos, mas sim do que eles são formados... e isso é comum aos três tipos... então... o que é que o autor pretende me comunicar? Qual será a ideia principal do texto?... Vamos ver... o primeiro parágrafo me diz qual a missão dos músculos... os quatro seguintes me falaram dos tipos de músculos que existem e de suas características... e o último parágrafo me informa do que estão formados os músculos... portanto... parece-me que o propósito fundamental do autor é descrever os diferentes tipos de músculos que temos no nosso organismo... **portanto, a ideia principal do texto poderia ser:** "No nosso organismo existem três tipos de músculos: estriados, lisos e cardíacos. Os músculos estriados são responsáveis pelos movimentos voluntários e se situam junto aos ossos, os lisos e os cardíacos não são controlados voluntariamente e os lisos se situam nos vasos sanguíneos, o aparelho digestivo e bexiga, enquanto os cardíacos se situam no coração".*

(A seguir, o professor do módulo orientará o debate do seguinte modo:

- *O que eu fiz enquanto lia o texto?*

- *Que estratégia utilizei?*

- *Que tipo de perguntas me fiz?*

- *Que problemas tive para compreender a ideia principal do texto?*

- *Por que utilizei essa estratégia e não outra?*

- *Quando pode ser mais útil o uso dessa estratégia?*

- *Pensam que é necessário utilizar essa estratégia?*

- *Que outras estratégias utilizei?*

É esperado que nesse tipo de encaminhamento os participantes mencionem, nas suas respostas, algo similar a:

- *Li o título e pensei sobre ele, ou seja, tentei ativar o conhecimento prévio sobre o tema.*

- *Fui relacionando o conteúdo do texto com meu conhecimento prévio.*

- Depois fui identificar o tema que o texto trata.

- Fiz inferências (hipóteses) sobre o conteúdo do texto que, mais tarde, confirmei ou não.

- Fui buscando a ideia mais geral do texto, a frase cujo conteúdo resumisse o restante das ideias do texto. Portanto, estabeleci uma relação hierárquica entre as ideias do texto. Para isso, me ajudaram algumas palavras usadas pelo autor como "tipos de".

- Estabeleci uma hipótese sobre qual poderia ser a ideia principal, baseando-me na relação entre as ideias do texto e depois reli o texto para ver se isso se confirmava.

Se nesse debate os participantes não mencionarem o que foi listado acima, o professor voltará a ler o texto expressando seus pensamentos em voz alta, mas dessa vez tornando explícita também a estratégia que está utilizando. Por exemplo, no momento de ler o título, explicita que está ativando o conhecimento prévio. Neste momento seria conveniente destacar que, além de ter utilizado estratégias específicas de compreensão de estrutura de textos, também foram realizadas outras relacionadas com todos os processos de leitura em geral: percepção de falta de compreensão, supervisão do próprio processo de compreensão etc.)

Tal como vimos em outros momentos, **o que se almeja com uma instrução desse tipo é ensinar o processo de identificação da ideia principal**, nesse caso, dos textos classificatórios. Portanto, e como já vimos em outras sessões, com uma instrução desse tipo estamos oportunizando que os alunos se conscientizem sobre o processo de compreensão textual.

Nos módulos anteriores vimos que também podíamos ensinar aos alunos a representar hierarquicamente as ideias do texto, o que contribui para a sua compreensão. Pois bem, na continuação vamos ver um exemplo de como poderíamos ensinar aos alunos a representar hierarquicamente o texto que acabamos de ler.

(O professor apresenta o diagrama correspondente ao texto orientado.)

5.3 A musculatura (representação)

"[...] A musculatura... *foi-me solicitado que fizesse a representação hierárquica das ideias desse texto. Isso significa que algumas são mais importantes do que as outras... Bem, já sei que o tema geral é a musculatura... e, pelo que vimos antes, parece que o que pretende transmitir o autor são os tipos de músculos que existem... Bom, mas ainda que não seja o principal, fala também de outras coisas... vou ver o que mais fala... sim, é isso. Informa-me a função dos músculos, os tipos e do que estão formados... Bom, então já sei o tema geral: os músculos; portanto, coloco acima de tudo... Além disso, como me informa três coisas sobre os músculos, posso fazer três colunas assim:*

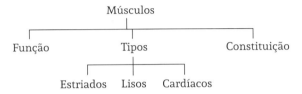

Agora, vou colocar as outras frases do texto na sua coluna correspondente: as frases que falem em função, abaixo de "função", e assim sucessivamente... se coloco assim todas as frases, a maioria delas ficará na coluna de tipos de músculos... o texto fala em três tipos: estriados, lisos e cardíacos... Bem, onde os coloco? Pois... debaixo da coluna de tipos posso colocar outras três colunas, uma para os estriados, outra para os lisos e outra para os cardíacos... de tal forma que as características de cada um deles colocarei embaixo... olhando bem é possível perceber que a maioria das frases do texto se encontra embaixo da coluna "tipos"... Será que é essa a intenção do autor? Se é essa, por que não colocou no início do texto? Pode ser que o primeiro parágrafo e o último tenham sido escritos para completar o texto...mas... desde o início a maior parte está centrada na explicação dos diferentes tipos de músculos... Sim, agora estou seguro de que é isto o fundamental. Bem... como não está no início, vou destacar para saber que é o importante... Mas... nesse texto não tem nenhuma frase que resuma o importante... então a ideia principal está implícita... portanto, tenho que elaborar uma frase que resume o que tenho destacado... terei que buscar as características que têm em comum e o que os diferencia... Bem, é isso... ainda que nesse caso a ideia principal está implícita e, portanto, não tem uma frase no texto que a resuma e que possamos colocar no início do nosso diagrama... representando as ideias me dei conta do que era importante para o autor.

Neste momento gostaria de assinalar que nós decidimos orientar esse processo de identificação da ideia principal e o processo de representação do texto de forma independente, obedecendo a um objetivo didático: são duas estratégias diferentes. Entretanto, é possível que o leitor experiente, que tenha automatizado essas estratégias, as realize de modo simultâneo, pelo que também poderiam ser ensinadas conjuntamente, tal e como fizemos na fase de instrução direta.

(Na continuação o professor do módulo orientará a discussão do seguinte modo:

- O que fui fazendo enquanto lia o texto?

- Que estratégia utilizei?

- Que tipo de perguntas fui me fazendo?

- Que problemas tive para compreender a ideia principal do texto?

- Por que utilizei essa estratégia e não outra?

- Quando pode ser mais útil o uso dessa estratégia?

- Pensam que era necessário o uso dessa estratégia?

- Que outras estratégias utilizei?)

c) Instrução direta

Bem, tal como vimos em módulos anteriores, é possível que alguns de seus alunos não consigam compreender o tipo de estratégias que está sendo ensinada através de uma instrução orientada como a descrita anteriormente, e que necessitem de um ensino mais direto das estratégias que precisam utilizar.

Na continuação, vou mostrar um exemplo de instrução direta da estrutura classificatória. Novamente vou solicitar que se coloquem em lugar dos seus alunos.

• Vocês lembram no que consiste a estrutura classificatória?

(Escutam as opiniões dos participantes, enfatizando aquelas que forem na direção adequada. Considerando que no módulo anterior vimos a descrição das estruturas, é de se esperar que as respostas dos sujeitos se aproximem

do seguinte: "a estrutura classificatória em um texto surge quando o autor separa grupos de objetos ou os agrupa de acordo com determinadas características. Portanto, nesse tipo de textos se costuma encontrar grupos separados e um conjunto de características ou atributos de cada um dos grupos estabelecidos. Além disso, costumam aparecer exemplos representativos de cada um dos grupos. O autor desenvolve um sistema de classificação para agrupar os elementos que aparecem no texto, de tal modo que esse sistema possa ser utilizado pelo leitor para agrupar outros possíveis elementos". É possível que os participantes não digam dessa maneira e que alguns aspectos fiquem faltando. Nesse caso, o professor do módulo irá questionando até chegar à definição anterior. Depois, continua como a seguir.)

· Muito bem, parece que estamos todos de acordo em que a estrutura de classificação pode ser definida como *(neste momento repete em voz alta a definição anterior e se escreve no quadro ou se mostra em um slide, dependendo dos meios que se tenha).*

Como vimos em relação aos textos de outras estruturas, nos textos de classificação também aparecem indicadores que podem facilitar a identificação da estrutura. Vocês se lembram quais eram as palavras indicadoras que costumam aparecer com mais frequência nesse tipo de texto?

(Escutam as opiniões dos participantes, enfatizando aquelas que se direcionam para a resposta adequada. É esperado que os participantes mencionem palavras e expressões como: podem ser agrupados; é possível distinguir dois grupos; podem ser classificados em função de; as características do primeiro grupo; podem ser divididas em dois grupos etc. O professor deve repetir em voz alta as palavras e expressões mencionadas, completando se faltar alguma, escrevendo-as no quadro. Depois continua como descrito a seguir.)

Bem, do que vimos até agora, vamos relembrar o que precisamos considerar:

a) Que a presença de algumas palavras no texto pode nos ajudar a identificar sua estrutura.

b) Que esse tipo de texto costuma ter ideia principal e geralmente explícita.

c) Que a ideia principal desse tipo de texto costuma ser tanto os grupos como os critérios utilizados para estabelecê-los.

d) Quando nos encontramos com um texto no qual o autor classifica objetos em função de determinadas característi-cas, a melhor forma de saber qual é a ideia principal que o autor deseja transmitir é buscar as características em função das quais o autor estabelece os grupos e os grupos que define.

Na continuação vamos ver o que já estudamos até agora sobre textos desse tipo. Por favor, leiam o texto a seguir.

· Dado o seguinte texto, vamos estudar o processo a seguir para determinar se ele pode ser incluído no grupo dos textos com estrutura de classificação, sempre considerando as carac-terísticas desse tipo de estrutura de textos.

A definição desse tipo de textos informa que *o autor separa grupos de objetos ou classifica-os em função de determinadas carac-terísticas.* Esse critério é identificável no texto a seguir?

5.4 Os compostos químicos e as misturas

(1) Atualmente são conhecidas mais de um milhão de diferentes substâncias compostas e a cada dia são descobertas várias centenas de novas. (2) No entanto, todas as substâncias compostas podem ser agrupadas em dois conjuntos: (3) os compostos químicos e (4) as misturas.

(5) Um composto químico é uma substância que sempre apresenta uma composição fixa e propriedades constantes. (6) Por exemplo, a água é um composto químico, (7) já que sua composição é fixa (duas gramas de hidrogênio para cada dezesseis de oxigênio) (8) e suas propriedades são constantes (a água ao nível do mar sempre ferve à temperatura de 100 °C, e em estado líquido sempre tem a mesma densidade).

(9) Uma mistura é uma substância que não tem uma composição fixa e suas propriedades são variáveis. (10) Assim, o leite é uma mescla, (11) já que não tem composição fixa (seu conteúdo no que se refere a gorduras, vitaminas, água etc. não é sempre o mesmo) (12) e suas propriedades são variáveis (sua densidade, sabor, ponto de ebulição, não são sempre os mesmos).

(Depois de ler o texto, o professor coleta a opinião dos participantes e enfa-tiza aquelas que mencionem que o autor afirma explicitamente que todas as substâncias compostas podem ser agrupadas em dois grandes conjuntos:

os compostos químicos e as misturas, e depois nos mostra as características de cada um dos conjuntos de modo separado. Se os participantes não chegarem a essa conclusão, o professor do módulo deverá encaminhar para ela, lendo o texto devagar, guiando a atenção para os aspectos do texto que atendem a esse critério. Depois continua como proposto a seguir.)

• Assim sendo, temos uma frase no texto que nos afirma explicitamente essa classificação, a de número 2. Onde situaremos essa frase no diagrama?

(O professor coleta as opiniões dos participantes e enfatiza as que mencionarem que essa frase deveria ficar na parte de cima. Neste momento o professor escreverá o número 2 na parte superior do quadro. O diagrama a seguir mostra como deve ir sendo colocado os números no desenvolvimento da tarefa.)

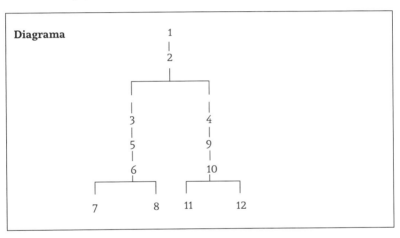

• Então, podemos concluir que esse texto atende ao primeiro critério?

(Escutam a opinião dos participantes e o professor reforça as que assinalem que efetivamente o primeiro critério que caracteriza esse tipo de texto foi atendido.)

• Bem, então já sabemos que o autor definiu grupos para classificar os objetos. Esse fato é uma informação a favor da hipótese de que esse texto tem uma estrutura classificatória, mas, mesmo que esse primeiro critério seja um elemento essencial para esse tipo de textos, pois o seu atendimento é quase suficiente para determinar que o tipo de estrutura é esse, é conveniente revisar se o texto satisfaz os outros critérios, ainda que isso pareça redundante, por duas razões:

a) Porque o atendimento dos outros critérios nos permite, tanto nos assegurarmos da estrutura do texto como estabelecermos que efetivamente a estrutura classificatória é a predominante. Em textos como esse, pode acontecer que o autor tenha feito uma classificação, porém como aspecto secundário inserido em uma outra estrutura predominante (p. ex.: podem aparecer classificações dentro de uma estrutura predominantemente comparativa).

b) Porque a análise minuciosa do texto, que é necessário realizar para ver se este atende aos critérios, oportuniza a conscientização da organização das ideias do texto e, portanto, facilitará sua representação hierárquica.

• Sendo assim, vamos agora ver o que ocorre com a frase 1. O que nos diz essa frase?

(O professor coleta as opiniões dos participantes e enfatiza as que mencionarem. Essa frase fala, de um modo geral, das substâncias compostas. Portanto, ela corresponderia ao tema geral do texto.)

Então, em que lugar no diagrama colocaremos a frase 1?

(Escutam as opiniões dos participantes e o professor enfatiza as que mencionarem que – considerando que a frase 2 informa como se pode classificar as substâncias e a frase 1 fala das substâncias compostas em geral – a colocação adequada seria acima da frase 2. Se os alunos não justificarem o motivo disso, o professor deverá explicar, relembrando que a representação hierárquica vai do geral para o particular.)

Bem, se analisarmos detalhadamente as frases 1 e 2 podemos elaborar a hipótese que a frase 2 é o tema do texto (frase mais geral) e a frase 1 poderia ser uma candidata à ideia principal. É importante que paremos aqui porque, **como já vimos, o tema e a ideia principal de um texto não são a mesma coisa, e devemos lembrar que a diferença está no nível de genera-**

lização de ambos. Como já sabemos, **vamos considerar como ideia principal o tema mais o que o autor fale sobre o tema**. No entanto, na representação – considerando que o tema tem um nível maior de generalização – o representaremos por cima das outras ideias do texto, ou seja, no início da hierarquia.

Se continuamos analisando a definição da estrutura classificatória temos que: "nesse tipo de texto se costuma encontrar agrupamentos separados e um conjunto de características ou atributos de cada um dos grupos estabelecidos". Vocês consideram que esse segundo critério foi atendido nesse texto que estamos analisando? A forma de comprovar se foi atendido é procurar no texto quais são os grupos que foram estabelecidos e as características que os definem.

a) Quais são os grupos?
(Escutam as opiniões dos participantes, enfatizando as que mencionarem que o autor estabelece dois grupos dentro das substâncias compostas: os compostos químicos e as misturas. A expectativa é de que os participantes não tenham problemas com esse questionamento.)

b) Quais são as características que definem cada grupo?

- Comecemos pelos compostos químicos: Quais são suas características? *(É claro que são as que aparecem no texto.)*
(Escutam as opiniões dos participantes, enfatizando as que mencionarem: composição fixa e propriedades constantes.)

- De acordo com o texto, que características têm as misturas?
(Escutam as opiniões dos participantes, enfatizando as que mencionarem que sua composição não é fixa e suas propriedades são variáveis.)

- Bem, como acabamos de ver, o autor estabelece dois grupos de substâncias compostas e nos oferece uma série de características de cada um dos grupos. Com que números identificamos as frases que mencionam os dois grupos?

(Escutam as opiniões dos participantes, enfatizando as que mencionarem as frases 3 e 4. Depois continuamos como descrito a seguir.)

· Onde situamos as frases 3 e 4?

(É esperado que, ao coletar as opiniões dos participantes, eles assinalem que essas frases devem estar ligadas na frase 2, pois nela se informa que as substâncias compostas podem ser classificadas e a 3 e a 4 especificam em que grupos podem ser divididas. Considerando a estrutura a que se refere o texto, espera-se, como estudamos na parte anterior, que na continuação do texto o autor assinale algumas características dos grupos definidos e também é possível que traga alguns exemplos de cada grupo. Portanto, o professor confirma para os alunos que as frases 3 e 4 ficam situadas embaixo da frase 2, mas bastante separadas, de modo que possamos inserir as características de cada grupo. Neste momento, o professor do módulo se dirige ao diagrama que está iniciado no quadro e deverá representar o que acabou de informar.)

· Depois dessa análise, podemos afirmar que o segundo critério referente a esse tipo de estrutura foi atendido?

(Escutam as opiniões dos participantes, enfatizando as que perceberem de modo afirmativo.)

A terceira ideia incluída na definição da estrutura de classificação informa que "o autor costuma apresentar exemplos de cada um dos grupos ou classes estabelecidas". Esse critério é atendido nesse texto?

(Escutam as opiniões dos participantes, enfatizando as que perceberem de modo afirmativo, pois, como exemplo dos compostos químicos, ele apresenta a água, e como exemplo das misturas, o leite. Nesse ponto o professor precisa assinalar que, ainda que nesse tipo de textos seja frequente o uso de exemplos, em algumas ocasiões isso não acontece, não significando, porém, que não seja uma estrutura de classificação.)

· Parece que todos estamos de acordo que esse critério também foi atendido nesse texto. Pois bem, como já representamos os dois grupos e sabemos que no texto aparecem características e exemplos de cada um deles, vamos procurar no texto as características dos compostos químicos, os exemplos de cada um, ver o número correspondente e onde se situariam no diagrama.

(Escutam as opiniões dos participantes, destacando as que assinalarem que as características correspondem à frase 5 (composição fixa e propriedades

constantes) e que o exemplo está na frase 6 (a água). Assim, a frase 5 fica ligada na 3 e a 6 ligada na frase 5. O professor deverá informar que, como as características são mais importantes que o exemplo, a frase 5 se situa em nível superior à 6. Representa no diagrama e segue.)

· Bem, e quanto às frases 7 e 8, o que elas informam?

(Escutam as opiniões dos participantes, enfatizando as que perceberem que essas frases analisam a composição e as propriedades do exemplo, ou seja, da água, para justificar sua inclusão nos compostos químicos.)

· E onde as colocaremos no diagrama?

(Escutam as opiniões dos participantes, enfatizando as que perceberem que devem ficar embaixo da frase 6, mas as duas no mesmo nível, visto que tanto a composição da água como suas propriedades se referem a características, e não podemos afirmar que umas sejam mais importantes que outras. O professor insere as duas frases no diagrama e continua.)

· Bem, uma vez que buscamos as características dos compostos químicos, vamos agora procurar no texto quais são as características das misturas, os exemplos, analisar a que número de frases correspondem e onde os situaríamos no diagrama.

(Escutam as opiniões dos participantes, enfatizando as que assinalarem que as características se encontram na frase 9 e que o exemplo está na 10. Assim sendo, coloca-se a 9 ligada na 4 e a 10, na 9. O professor deve enfatizar, novamente, que as características são mais importantes que o exemplo, e que, por isso, a frase 9 se situa em um nível superior à 10. Faz a representação no diagrama e segue.)

· Bem, em relação às frases 11 e 12. Que informações trazem?

(Escutam as opiniões dos participantes, enfatizando as que perceberem que essas frases estão analisando as composições e as propriedades do exemplo, ou seja, do leite, para justificar sua inclusão nas misturas.)

· Assim sendo, onde as situaremos no diagrama?

(Escutam as opiniões dos participantes, acolhendo aquelas que assinalem que elas ficarão embaixo da frase 10, mas ao mesmo nível, pois tanto a composição do leite como suas propriedades se referem a características. Coloca no diagrama e continua como a seguir.)

· Por último, a definição de texto classificativa informa que "o autor desenvolve um sistema de classificação para agrupar os elementos que aparecem no texto, de tal modo que esse sistema possa ser utilizado pelo leitor para agrupar todos os elementos possíveis". Esse critério foi atendido nesse texto?

Para responder, vamos pensar, por um momento, no seguinte: se eu digo "o chocolate é um composto que está formado por açúcar e cacau misturados em proporção variável (a proporção de açúcar e cacau varia dependendo da marca do chocolate, p. ex.)", com essas características do chocolate e considerando a classificação estabelecida pelo autor, onde poderíamos incluir o chocolate, no grupo das misturas ou no dos compostos químicos?

(Escutam as opiniões dos participantes, enfatizando as que assinalarem o grupo das misturas.)

· Do mesmo modo que fizemos com o chocolate, poderíamos fazer com qualquer outro composto do qual conhecêssemos as características, ou seja, poderíamos classificá-los em função dos critérios estabelecidos pelo autor? E, consequentemente, podemos afirmar que esse quarto critério foi atendido nesse texto?

(Escutam as opiniões dos participantes, enfatizando os que perceberem de modo afirmativo.)

Além das características da estrutura de classificação, afirmamos também que, com frequência, costuma aparecer indicadores no texto que nos ajudam a determinar o tipo de estrutura. Nesse caso, aparece algum indicador?

(Escutam as opiniões dos participantes, enfatizando as que mencionem que aparecem expressões como "podem ser agrupados em dois grandes conjuntos". E depois continua.)

· Portanto, observamos que nesse texto também aparecem os indicadores da estrutura. Assim, nesse texto, comprovamos que todos os critérios assinalados anteriormente foram atendidos; portanto, podemos determinar que se trata de um texto com estrutura de classificação porque o autor estabeleceu grupos, forneceu características de cada um, utilizou palavras usuais nesse tipo de texto e nos oportunizou um sistema de classificação que pode ser utilizado para saber se qualquer substância é um composto químico ou uma mescla.

Uma vez que finalizamos a representação hierárquica das ideias, temos um modelo de como estão organizadas nesse texto. Pois bem, considerando: a definição de ideia principal desse programa; que o texto apresenta uma estrutura de classificação (nos textos classificatórios a ideia principal tem que conter tanto os grupos como suas características); e a representação das ideias que realizamos, qual seria a ideia principal desse texto?

(Escutam as opiniões dos participantes, enfatizando as que perceberem a ideia principal algo próximo a "todas as substâncias químicas podem ser divididas em dois grupos: os compostos químicos (que têm composição fixa e propriedades constantes) e as misturas (cuja composição e propriedades são variáveis)". O professor continua como descrito a seguir.)

· Como é possível perceber, a ideia principal proposta tem os elementos necessários para textos com estrutura classificatória:

a) Os grupos estabelecidos pelo autor: compostos químicos e misturas.

b) As propriedades, ou características dos grupos: composição e propriedades.

Resumindo, quando nos deparamos com um texto como esse, no qual o autor classifica objetos ou compõe grupos em função de determinadas características, atributos ou propriedades, o melhor modo de saber qual é a ideia principal que o autor deseja nos comunicar é procurar no texto ou **construir uma frase que resuma tanto os grupos estabelecidos como suas propriedades características**.

3 Estrutura de comparação-contraste

a) *Introdução*

Na seção anterior, vimos como identificar textos que apresentam estrutura de classificação. Continuando, vamos percorrer uma série de passos com os quais podemos ensinar os alunos a como é possível identificar a estrutura de comparação. O motivo de incluirmos duas estruturas, aparentemente diferentes, no mesmo módulo se baseia no fato de que elas têm algumas semelhanças significativas. Portanto, vamos ver como podemos ensinar o processo de identificação da estrutura comparação-contraste aos alunos e, posteriormente, ensinar-lhes como se relacionam as estruturas de classificação e de comparação-contraste.

b) *Exemplo*

(Considerando que em módulos anteriores orientamos o processo de representação e de identificação da ideia principal dos textos classificatórios, nessa parte solicitamos aos participantes que tentem realizar o processo de orientação de um texto com estrutura de comparação-contraste. Com isso pretendemos duas coisas:

a) Que os participantes pratiquem de modo supervisionado as estratégias ensinadas;

b) Que generalizem as estratégias ensinadas para outras estruturas de textos, nesse caso o de comparação-contraste, semelhante ao de classificação.)

Hoje vamos ver um exemplo de como poderíamos ensinar aos alunos o processo de identificação da estrutura de comparação-contraste, mas agora, em lugar de adotar o papel de professor, vou solicitar que vocês mesmos realizem a fase de orientação com o seguinte texto.

(O professor do módulo apresenta o texto "A função da reprodução". O objetivo que se busca ao solicitar que os participantes orientem essa análise

é que eles possam praticar, de modo supervisionado, o que foi ensinado com as outras estruturas. O professor do módulo deverá, quando necessário, reorientar e oferecer retroalimentação constante para os participantes. Nesse contexto, é importante recordar os seguintes pontos, no caso de que a pessoa que tiver orientando o exemplo, não mencione:

- Na orientação é preciso aparecer as estratégias que se está utilizando (ativação do conhecimento prévio, percepção de falhas na compreensão, elaboração de hipóteses, análise dos indicadores para identificar a estrutura, p. ex.).

- Depois de feita a orientação, solicitar que explicitem que tipo de perguntas fariam a seus alunos para que eles se conscientizassem dos seguintes aspectos: que estratégia(s) foi(ram) utilizada(s), quando foram utilizadas, por que, que problemas tiveram para entender o texto? etc.

- Se não fizerem alusão a esses aspectos, o professor do módulo precisará repetir em voz alta o processo descrito no exemplo. Portanto, a intervenção do professor do módulo se dará apenas no caso de persistirem dúvidas.)

5.5 A função de reprodução

(1) A espécie humana tem uma reprodução sexual graças as diferenças entre homens e mulheres.
(2) O aparelho reprodutor masculino e o aparelho reprodutor feminino são muitos diferentes, (3) tanto em sua forma (4) como em seu funcionamento. (5) Enquanto o aparelho reprodutor masculino (6) tem como missão fabricar os espermatozoides (7) e depositá-los dentro do corpo da mulher, (8) o aparelho reprodutor feminino deve estar preparado para fabricar os óvulos, (10) acolher o óvulo fecundado, o zigoto, e facilitar seu desenvolvimento normal.
(11) Além das diferenças entre os aparelhos reprodutores representativos (caracteres sexuais primários), o homem e a mulher se diferenciam nos caracteres sexuais secundários (12) que no homem são o cabelo no peito, (14) o tom de voz grave, (15) o maior desenvolvimento muscular etc. (16) e, na mulher, (17) o peito desenvolvido, (18) o tom de voz mais agudo, (19) o desenvolvimento dos músculos do quadril etc.

---

c) Instrução direta

• Alguém de vocês recorda no que consiste a estrutura de comparação-contraste?

(Escutam as contribuições dos participantes, enfatizando as que vão na direção adequada. Considerando que no módulo 3 vimos a descrição das estruturas textuais, espera-se que as respostas se aproximem das seguintes: "A estrutura de comparação-contraste aparece em um texto quando o objetivo do autor é examinar as relações entre duas ou mais coisas ou entre grupos de coisas. A comparação se realiza tanto ao se analisar as semelhanças quanto as diferenças. Em algumas ocasiões, o autor também estabelece grupos para analisar as semelhanças e/ou as diferenças entre eles. A ideia principal está organizada, explicitando as partes que proporcionam a comparação e o contraste". É possível que os participantes não tragam toda a definição. Nesse caso, o professor do módulo pode ir questionando até chegar à definição anterior. Depois, se continua como descrito a seguir.)

· Muito bem, parece que todos estamos de acordo com que a estrutura de comparação-contraste pode ser definida como *(repetir a definição anterior escrevendo no quadro ou mostrando no slide, dependendo dos meios que se disponha).* Mas há ocasiões em que, como nos textos classificatórios, o autor também estabelece grupos entre coisas. No que essa estrutura se diferencia da classificatória?

(Para mostrar mais objetivamente, solicita-se que leiam o texto "A musculatura" e o de "As partículas fundamentais: elétrons, prótons e nêutrons". Essa estratégia é para que releiam os textos (o primeiro classificativo e o segundo comparativo) e mencionem qual a diferença. Escutam as opiniões dos participantes e enfatiza aquelas que mencionem que a ênfase do autor é diferente: enquanto nos textos classificatórios se enfatizam as características que permitem classificar os objetos em grupos, na comparação-contraste a ênfase está nas características que permitem estabelecer semelhanças e/ou diferenças entre os grupos. Se os assistentes não mencionarem isso, o professor do módulo deverá fazê-lo. É possível que algum dos participantes questione a necessidade de fazer duas estruturas distintas para os textos classificatórios e os de comparação-contraste, e se não seria mais adequado deixá-los em uma única estrutura com diferentes matizes. Tanto se houver essa pergunta como se não, o professor continua como segue.)

Pois bem, mesmo que nesse aspecto as duas estruturas parecem ter uma estreita relação, esta apenas aparece no caso em que o autor que escreve o texto comparativo tenha a finalidade de analisar as semelhanças e/ou diferenças entre distintos grupos. Nesse caso, é possível que não fosse necessário diferenciar entre as duas estruturas. No entanto, há ocasiões em que a finalidade do autor não é a que acabamos de mencionar, mas sim de comparar dois fenômenos, dois objetos, sem ter que definir grupos (como p. ex. no texto "A função da reprodução" que acabamos de ler).

Sendo assim, mesmo que o processo de identificação da estrutura seja análogo para os dois tipos, em alguns casos a ideia principal varia:

- Enquanto nos textos de estrutura classificatória a ideia principal está organizada em torno da informação que contenha os grupos estabelecidos e as características desses grupos.

- No caso da estrutura comparação-contraste, a ideia principal será a informação relativa aos grupos e a comparação e/ou contraste entre suas características, **enfatizando** o conjunto de semelhanças ou diferenças que aparecem no texto.

Assim como vimos com os textos de outras estruturas, nos textos de comparação-contraste também aparecem palavras que funcionam como indicadores que podem facilitar a identificação da estrutura. Alguém recorda quais eram os indicadores que costumam aparecer com mais frequência nos textos de comparação-contraste?

(Escutam as contribuições dos participantes, reforçando aquelas que vão na direção adequada. É esperado que os participantes mencionem palavras e/ou expressões como: em contraste com, pelo contrário, semelhante a, em lugar de, do mesmo modo que, com respeito a, por outro lado, enquanto que, igual, maior que, menor que etc. O professor deve repetir em voz alta as palavras mencionadas acrescentando, se faltar alguma, e escrevendo no quadro abaixo da definição da estrutura de texto. Depois, continua como a seguir.)

· Bem, do que vimos até agora, vamos sistematizar o que devemos considerar:

- A presença de algumas palavras e/ou expressões no texto podem nos ajudar a identificar a estrutura.

- Esse tipo de texto costuma ter a ideia principal explícita ou implícita.

- Quando nos deparamos com textos em que o autor relaciona objetos ou conjuntos de objetos analisando suas semelhanças e/ou diferenças, a melhor forma de saber qual é a ideia principal desse tipo de texto é buscar a ideia que inclui a relação que estabelece o autor, ou seja, a informação relativa às semelhanças ou diferenças entre os objetos ou grupos que se compara.

Na continuação, vamos rever o que já analisamos até agora em relação a esse tipo de texto. Por favor, leiam o texto a seguir.

5.6 As partículas fundamentais: elétrons, prótons e nêutrons

(1) Os átomos não são as partículas mais elementares da matéria, estão formados por outras partículas ainda menores, denominadas partículas fundamentais. (2) Há três tipos de partículas fundamentais e importantes: (3) os elétrons, (4) os prótons e (5) os nêutrons, (6) que estão presentes em todos os átomos, com exceção do de hidrogênio, que não tem nêutrons.

(7) Entre os elétrons, os prótons e os nêutrons se pode estabelecer as seguintes analogias e diferenças:

(8)a – A massa de um próton é quase igual a (9) a massa de um nêutron (10) e como duas mil vezes maior que a massa de um elétron.

(11)b – Os elétrons e (12) os prótons estão carregados eletricamente, (13) enquanto que o nêutron não tem carga elétrica.

(14)c. – A carga elétrica do elétron é exatamente igual à (15) carga elétrica de um próton, (16) mas tem sinal contrário: (17) enquanto os elétrons têm carga elétrica de sinal negativo, (18) os prótons têm carga elétrica de sinal positivo.

• Lido esse texto, vamos analisar como poderíamos ensinar para os alunos o processo para determinar se a sua estrutura é de comparação-contraste, sempre considerando as características desse tipo de textos:

Característica 1: Neste tipo de texto o autor examina as relações entre duas ou mais coisas ou entre grupo de coisas. No texto recém-lido, o autor analisa algum tipo de relação?

(Escutam as opiniões dos participantes, o professor enfatiza as que percebam que efetivamente o autor analisa, ao longo do texto, as relações entre os três tipos de partículas fundamentais. Se os participantes não chegarem a essa conclusão, o professor do módulo deverá induzi-los a ela, lendo pausadamente o texto, guiando a atenção para os aspectos que fazem com que esse critério seja atendido. Especialmente no primeiro parágrafo ele já informa que vão ser estabelecidas relações entre esses três elementos, fato que se confirma nos parágrafos seguintes, mesmo que já não sejam tão explícitas as comparações. Depois continua como segue.)

• Bem, ainda que este primeiro critério tenha sido atendido, ele é, em si mesmo, bastante abstrato. É possível que seus alunos não saibam exatamente a que se refere o termo "relação". Por essa razão, e ainda que seja conveniente comprovar se o critério é atendido (porque além de tudo também vamos familiarizando os alunos com essa nomenclatura), não é imprescindível sua determinação inequívoca, já que esse critério geral se efetiva em critérios posteriores. Por isso, neste momento seria suficiente obter dos alunos uma resposta parecida com "sim, parece que o autor relaciona certas coisas..."

• Que coisas o autor relaciona? Que número corresponde à frase em que se afirma explicitamente essa relação?

(Escutam as opiniões dos participantes, o professor enfatiza as que afirmem que o autor vai comparar os prótons, nêutrons e elétrons e que a frase em que aparece essa relação é a número 7: "...entre os elétrons, prótons e os nêutrons podem ser estabelecidas as seguintes analogias e diferenças..." Neste momento, o professor dividirá o quadro em duas partes e escreverá o número 7 na parte superior esquerda. Depois continua como descrito a seguir.)

• Bem, já foi representada a frase número 7 e também sabemos que o autor vai realizar comparações entre prótons, nêutrons e elétrons. Na continuação, considerando que o texto é complicado, antes de proceder a sua representação vamos fazer um quadro com o conteúdo do texto, para depois analisar como proceder a sua representação hierárquica. *(O professor, enquanto vai escrevendo na parte direita do quadro, vai falando em voz alta seus pensamentos.)*

...vamos ver, eu sei que o texto vai falar de elétrons, prótons e nêutrons. Bem, vou escrever aqui em três colunas *(escreve na parte superior do quadro)*... e além disso vai relacionar as funções de sua massa, se tem ou não carga elétrica e o sinal da carga... estas são características... vou colocá-las em três colunas e assim tenho um quadro... *(O professor vai escrevendo as comparações que são feitas como indica o quadro a seguir, que será colocado na parte direita do quadro.)*

	Elétron	Próton	Nêutron
Massa	Não = (menor)	=	=
Carga elétrica	= sim	=	Não =
Tipo de carga elétrica	= -	= +	

Se continuamos analisando a definição dada da estrutura de comparação-contraste, encontramos que "a comparação se realiza tanto ao analisar as semelhanças como as diferenças, enquanto que o contraste enfatiza as diferenças". Vocês pensam que o segundo critério foi atendido? O modo de comprovar se esse critério foi atendido é buscar quais são as coisas que são relacionadas (o que já foi feito na parte anterior), que tipo de relação se estabelece (comparação ou contraste) e quais são as características semelhantes ou diferentes entre eles, ou seja, quais são as características que o autor utiliza para comparar os objetos.

Tal como vimos anteriormente, o autor estabelece uma relação entre três partículas fundamentais elétrons, prótons e nêutrons. É necessário, então, definir que tipo de relação estabelece. Trata-se de uma comparação ou um contraste?

(Escutam as opiniões dos participantes e o professor enfatiza as que afirmam que o texto estabelece uma comparação porque são analisadas tanto

as semelhanças como as diferenças. Se os participantes fornecerem essa resposta, o professor do módulo continuará como descrito a seguir.)

Quais são as características utilizadas pelo autor para comparar as três partículas fundamentais? Qual é a característica que serve para comparar os três elementos?

(Escutam as opiniões dos participantes e o professor enfatiza as que afirmam que é a massa.)

O que diz o texto sobre a massa? Vamos ver. O texto diz que a massa dos prótons e a dos nêutrons são semelhantes entre si, mas diferentes da dos elétrons (o elétron é menor). Pois bem, vou desenhar na minha tabela *(o professor desenhará um sinal igual para massa dos prótons e nêutrons e um sinal diferente (não =) para a massa dos elétrons.)*

· Agora vamos examinar a frase precedida pela letra b. Qual é, nesse caso, a característica que serve para comparar elétrons, prótons e nêutrons?

(Escutam as opiniões dos participantes e enfatiza as que afirmam que é a presença ou não de carga elétrica.)

O que nos diz o autor sobre a carga elétrica? Nesse aspecto, os que se parecem são os elétrons e os prótons porque ambos têm carga elétrica e se diferenciam dos nêutrons, que não têm. Pois bem, vou escrever na tabela *(o professor escreve na linha correspondente a carga elétrica a palavra "sim" e debaixo dela o sinal "=" na coluna dos elétrons e dos prótons e a palavra "não" e "não =" na coluna dos nêutrons.)*

Finalmente, vamos examinar a frase precedida pela letra "c". Qual é a característica que serve de comparação aos elétrons, prótons e nêutrons?

(Escutam as opiniões dos participantes, o professor enfatiza as que afirmam que é o sinal da carga elétrica.)

O que nos diz o sinal da carga elétrica? O texto afirma que as cargas dos prótons e dos elétrons são iguais. *(Representa na tabela o sinal igual na fila correspondente ao tipo de carga elétrica e nas colunas correspondentes aos prótons e elétrons. Porém, diferencia as cargas elétricas dos elétrons*

que é negativa, enquanto a carga elétrica dos prótons é positiva. Na tabela, desenha
um sinal – e outro + nas colunas correspondentes.)

· Bem, tal e como acabamos de ver, o autor estabelece uma série de semelhanças e diferenças entre os elétrons, prótons e nêutrons, e essas semelhanças e diferenças se referem a três características: massa, presença de carga elétrica e sinal da carga elétrica.

Além dessas características da estrutura de comparação--contraste, com frequência costumam aparecer indicadores no texto que nos ajudam a determinar de que tipo de estrutura se trata. Nesse caso, aparece algum desses indicadores?

(Escutam as opiniões dos participantes e o professor enfatiza as que afirmam que aparecem expressões como "é possível estabelecer as seguintes analogias e diferenças", "igual a", "maior que" etc. Depois continua como descrito a seguir.)

· Portanto, observamos que também aparecem palavras que funcionam como indicadores da estrutura. Nesse texto, comprovamos que os critérios que definem esse tipo de estrutura foram atendidos todos. Assim, podemos afirmar que se trata de um texto com estrutura de comparação-contraste porque o autor estabeleceu semelhanças e diferenças entre três características: massa, presença de carga elétrica e sinal da carga elétrica, em relação a três grupos de partículas. Além disso no texto foram encontradas palavras e expressões como "analogias e diferenças", "maior que", que são indicadores desse tipo de estrutura e, finalmente, o autor foi comparando cada um dos tipos de partículas em função dessas três características.

· Bem *(o professor mostrará no quadro)*, na nossa tabela já temos representadas todas as relações entre as três partículas. Vamos ver como as representaríamos de acordo com o sistema adotado para os outros tipos de textos (o de números). Para isso, precisamos rever os números correspondentes ao que colocamos na tabela.

· Antes já tínhamos colocado a frase 7, que é a que nos informa que podem ser estabelecidas semelhanças e diferenças.

No diagrama temos três colunas: elétrons, prótons e nêutrons. Procurem no texto a que número pertencem.

• Onde representaremos esses números? Em cima ou embaixo do número 7?

(Escutam as opiniões dos participantes e o professor enfatiza as que afirmam que ficariam embaixo, pois a frase 7 é mais geral. Portanto, as frases 3 para o elétron, 4 para o próton e 5 para o nêutron são representadas ligadas à frase 7. Ao escrevê-las, o professor manterá uma separação suficiente para que sejam formadas três colunas de modo parecido com a tabela. No diagrama a seguir, que será elaborado na parte esquerda do quadro de giz, mostra como o professor deverá ir colocando os números. Se isso não for explicitado pelos participantes, o professor do módulo deverá explicar como foi organizado, colocando ênfase no fato de que a representação hierárquica vai do geral para o específico. Depois se continua como segue.)

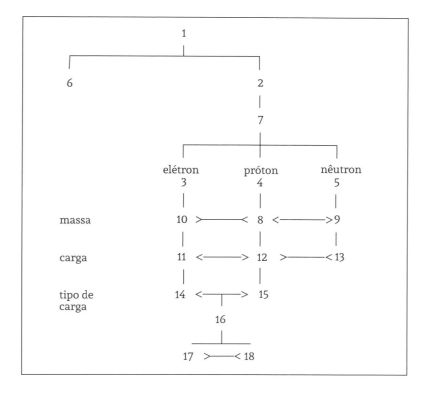

• Agora vamos ver quais são os números que falam de massa?

(Escutam as opiniões dos participantes e o professor enfatiza as que afirmam que os números são 8, 9 e 10.)

• De que fala a frase 8? E a 9? E a 10? Bom, então colocamos a número 8 embaixo da coluna dos prótons, a número 9 debaixo da dos nêutrons e a 10 debaixo da dos elétrons.

Tal e como vimos antes na tabela, além de falar em massa, o autor a comparava. De acordo com o que temos na tabela, as massas dos elétrons e dos prótons são diferentes. Como podemos representar isso no diagrama? A forma de representar é colocando uma flecha assim (>---<) entre os números 8 e 10 *(o professor faz isso)*. Além disso, ainda temos no quadro que as massas dos prótons e dos nêutrons são semelhantes. A forma de representar isso é colocando uma flecha (<--->) entre os números 8 e 9 *(o professor mostra como)*.

• A próxima linha que temos na tabela se refere à carga elétrica. Portanto, vamos ver quais são os números que falam da presença ou não de carga elétrica.

(Escutam as opiniões dos participantes e o professor enfatiza as que indiquem que os números correspondentes são 11, 12 e 13.)

• Do que fala a frase 11? E a frase 12? E a 13? *(Espera-se que os alunos falem de acordo com o diagrama.)* Bem, sendo assim, colocamos o número 12 embaixo da coluna dos prótons, o número 13 embaixo da dos nêutrons e o número 11 embaixo da dos elétrons, em uma fila inferior a correspondente à massa, pois estamos falando de outra característica.

Bem, como vimos no quadro também, além do texto falar da presença ou não de carga elétrica, o autor comparava essas cargas. De acordo com a tabela que fizemos, os elétrons e os prótons se assemelham porque ambos possuem carga elétrica. Como podemos representar isso no diagrama? A forma é colocar uma flecha assim (<--->) entre os números 11 e 12. Na tabela também é possível perceber que os nêutrons não possuem carga elétrica e que se diferencia nisso das outras duas partículas. A forma de representar isso é colocar uma flecha (>---<) entre os números 12 e 13.

• A próxima linha que temos na tabela é a que se refere ao tipo de carga elétrica. Vamos ver os números que correspondem a essa característica.

(Escutam as opiniões dos participantes e o professor enfatiza as que indiquem que os números são 14, 15, 16, 17 e 18.)

• Do que falam as frases 14 e 15? *(Espera-se que os alunos digam: a quantidade de carga elétrica dos elétrons e dos prótons é exatamente igual.)* E a frase 16? *(Espera-se que os alunos digam: a carga elétrica dos prótons e dos nêutrons tem sinal contrário.)* E a frase 17? *(Espera-se que os alunos digam que o elétron tem a carga elétrica negativa.)* E a frase 18? *(Espera-se que os alunos digam que o próton tem a carga elétrica positiva.)* Bom, sendo assim, colocamos o número 15 debaixo da coluna dos prótons, o número 14 debaixo da dos elétrons, em uma linha inferior à da carga elétrica, pois estamos falando de outra característica.

Bem, mas como vimos antes na tabela, além de falar da presença ou não da carga elétrica, o autor fazia comparações. *(O professor indica a tabela na parte direita do quadro de giz e diz.)* De acordo com o que temos aqui, os elétrons e os prótons se assemelham porque ambos possuem a mesma quantidade de carga elétrica. Como podemos representar isso no diagrama? Colocando uma flecha assim (<--->) entre os números 14 e 15. Além disso o autor especifica que o sinal é diferente. Portanto, como é uma especificação, ligamos o número 16 às frases 14 e 15. Na tabela podemos ver que o sinal é diferente, portanto, a forma de representar é colocar uma flecha (>---<) entre os números 17 e 18.

• Agora falta representar as frases 1 e 6. O que nos dizem essas frases?

(Escutam as opiniões dos participantes e o professor enfatiza as que afirmam que a frase 1 é de tipo mais geral e seu propósito é contextualizar a informação que o texto trará posteriormente em relação às partículas fundamentais. Seria uma frase na qual o autor anuncia sobre o que vai falar, ou seja, o tema do texto: as partículas fundamentais. E o que afirma sobre essas partículas? Onde se encontram e que tipos há. Pois bem, a frase 1 ficará em cima da 2, porque é mais geral. E a 6 ficará no mesmo nível da 2 porque representa uma das coisas que se afirma sobre as partículas: em que classe de átomos se encontram. Se os participantes não mencionam isso, o professor do módulo deverá explicitar. Depois continua como descrito a seguir.)

Depois de finalizada a representação hierárquica temos um modelo como estão organizadas as ideias desse texto. Pois bem, considerando: a definição de ideia principal; que o texto apresenta uma estrutura de comparação-contraste; e a representação que realizamos do texto, qual é a sua ideia principal?

(Escutam as opiniões dos participantes e o professor enfatiza as que afirmam que a ideia principal é: Os átomos estão formados por três tipos de partículas fundamentais: elétrons, prótons e nêutrons, que se diferenciam entre si em três características: massa, presença ou não de carga elétrica e sinal da carga elétrica. Depois continua como segue.)

· Como foi possível observar, nesse texto a ideia principal não estava explícita, mas foi elaborada pelos participantes. O que incluímos na ideia principal?

- O tema do texto: os átomos estão compostos por três tipos de partículas fundamentais.

- Os grupos e os elementos que o autor compara: elétrons, prótons e nêutrons.

- As propriedades ou características que o autor utiliza para comparar os elementos: massa, presença ou não de carga elétrica e sinal da carga elétrica.

- Quando nos depararmos com um texto como esse, no qual o autor relaciona objetos ou grupos analisando suas semelhanças e diferenças, **a melhor forma de sa-**

ber qual é a ideia principal do texto é resumir em uma frase os elementos relacionados pelo autor e o conjunto de semelhanças e/ou diferenças estabelecidas.

• Além disso, se observarmos a representação, veremos que a frase que colocamos no começo da hierarquia não é a ideia principal (visto que essa não está explícita no texto), mas sim o tema do texto, porque é a ideia mais geral, o que não quer dizer – como já sabemos – que seja a ideia principal.

d) Prática das estratégias

Agora, vamos colocar em prática o que aprendemos nesse módulo sobre o ensino da estrutura dos textos; nesse caso, com a estrutura de classificação e a de comparação-contraste.

(Para desenvolver essa atividade, o professor divide a classe em pequenos grupos, de aproximadamente quatro pessoas, mas dependendo do número de participantes, para que pratiquem a tarefa de instrução direta. O professor precisa ir orientando ou adequando a proposta, se for necessário. Uma vez finalizado o trabalho em grupos, socializarão o que produziram e todos serão convidados a opinar.)

O texto que vamos utilizar é "Os planetas do sistema solar".

5.7 Os planetas do sistema solar

(1) Os nove planetas que formam parte do sistema solar (2) são muito diferentes entre si, (3) tanto no que se refere ao tamanho (4) como ao número de satélites que possuem. Também se diferenciam por (5) sua composição (6) e pela distância que se encontram do Sol. (7) Os planetas podem ser divididos em dois grupos: (8) os planetas interiores (Mercúrio, Vênus, Terra e Marte), (9) que se localizam perto do Sol, (10), sólidos e (11) pequenos; e (12) os planetas exteriores (Júpiter, Saturno, Urano, Netuno e Plutão), (13) os mais distantes do Sol, (14) normalmente grandes, com exceção de Plutão (15), cuja superfície se encontra em estado gasoso.

Representação

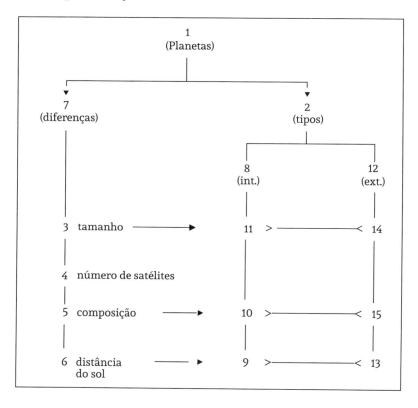

Observação: no final do debate, no grande grupo, é esperado que os participantes mencionem que este texto representa uma mistura de estrutura comparativa e a de classificação. O objetivo de incluir este texto é para que os participantes percebam que os textos também podem apresentar estruturas mistas.

A representação proposta é uma possibilidade. Também podem ser aceitas outras que coloquem contrastes no último nível. Não foram incluídas no diagrama por seu grau elevado de complexidade.

4 Produção textual com o objetivo de classificar ou de comparar

Até agora, o que vimos neste módulo foi como identificar uma estrutura (ou o propósito comunicativo do autor) em um determinado texto, para proceder à representação hierárquica das ideias do texto e identificar sua ideia principal.

Vamos agora refletir sobre o processo contrário, ou seja, dado um determinado objetivo (nesse caso, de classificar ou comparar objetos), ou, o que é o mesmo, dada uma estrutura – nesse caso, de classificação ou comparação-contraste –, vamos produzir um texto. Na continuação vamos refletir sobre o processo que realizamos para compor um texto, para depois ver como podemos ensinar esse processo aos alunos.

Como já vimos em capítulos anteriores, para produzir um texto deve-se, primeiramente, ativar nosso conhecimento prévio em relação a dois aspectos: o conteúdo que queremos comunicar e o objetivo que queremos atingir. Para realizar isso temos que responder a algumas perguntas:

- O que sei sobre o tema que quero escrever?
- O que quero comunicar?
- A quem vai direcionado?
- Como quero comunicar?

As respostas para essas perguntas vão determinar o tipo de vocabulário que vamos utilizar, o maior ou menor grau de complexidade das ideias e também o tipo de estrutura textual que vamos escolher.

Quando estudamos os textos de generalização, para que a tarefa fosse mais fácil, listamos as ideias do texto de tal modo que todos partimos do mesmo conteúdo. Hoje vamos complicar um pouco mais essa atividade, vamos tentar responder as perguntas anteriores partindo desta figura:

(Neste momento o professor mostra a figura "Formas de contágio". O objetivo é que os participantes construam, com base na figura, primeiro um texto com uma estrutura predominantemente classificatória e depois, mantendo o mesmo conteúdo, com uma estrutura predominantemente comparativa.)

• A primeira pergunta que precisamos responder se refere aos conhecimentos sobre o tema do qual vamos escrever. Portanto, o que temos que fazer primeiro é listar as ideias relacionadas com cada um dos tipos de contágio. Porém, a ativação desses conhecimentos também está determinada para quem está direcionado o texto (que consideraremos que é para crianças do 7º ano).

(Combinar com os participantes o tempo para que listem as ideias. É esperado que apareçam algumas parecidas com as que seguem, ainda que pode haver uma grande variação; assim sendo, as ideias a seguir servem como exemplo.)

- Contágio é um processo através do qual um animal ou uma pessoa doente transmite sua doença a outro animal ou pessoa saudável.

- O contágio através da pele pode acontecer através de uma ferida, uma mordida etc.

- O contágio por via digestiva se realiza através da ingestão de alimentos contaminados. Ex.: poliomielite e disenteria.

- O contágio por via respiratória pode acontecer quando se inspira pelo nariz ou pela boca. Ex.: gripe e tuberculose.

(Como cada um dos participantes pode desenvolver ideias diferentes, o professor solicita que leiam suas ideias, escreve no quadro e trabalha com elas, mesmo que o objetivo seja que cada um dos participantes elabore seu texto a partir de suas ideias. Na continuação...)

· Bem, já respondemos a duas das perguntas. Agora, a terceira que se refere a como queremos comunicar... o que é o mesmo que decidir o tipo de estrutura textual que queremos estabelecer. Nesse caso, a metade dos participantes vai organizar as ideias em torno de uma estrutura predominantemente classificatória e a outra metade, uma estrutura predominantemente comparativa.

Vocês se lembram dos passos para realizar isso?

(Escutam as opiniões dos participantes e o professor enfatiza as que forem na direção adequada. O esperado é que eles mencionem o seguinte:

- Organizar hierarquicamente as ideias do texto.

- Pensar nas características desse tipo de estrutura retórica que se pretende utilizar e os indicadores que se deseja utilizar.

Se os participantes não mencionarem esses aspectos, o professor do módulo deverá fazê-lo. A seguir, solicita que os participantes produzam o texto e define o tempo para isso. Depois de aproximadamente 15 minutos, divide a classe em três ou quatro grupos (dependendo do número de participantes) em torno de quatro pessoas por grupo, e solicita que analisem e discutam sobre a adequação dos textos produzidos, com relação aos seguintes critérios:

1) Estrutura de classificação ou de comparação-contraste (dependendo do caso).

2) Indicadores adequados para cada um dos tipos de estrutura.

3) Se utilizaram indicadores, refletir se são adequados para o tipo de estrutura.

4) Se o modo como organizaram as ideias contribui para o leitor identificar a ideia principal.

Após 20 minutos se propõe que cada grupo apresente seu texto para o grande grupo e todos analisam juntos. Nesse debate é importante colocar a ênfase no "critério de compreensão do texto", ou seja, o objetivo é que os colegas leiam suas produções e tentem determinar a ideia principal que pretenderam comunicar. Se a ideia principal identificada não corresponde com o que o autor desejava comunicar, devem tentar revisar e modificar até que a ideia principal corresponda ao que desejavam transmitir. Para realizar isso tanto os escritores como os leitores anotarão a ideia principal dos textos para compará-las. Com essa atividade se pretende que os participantes percebam que o processo de produção textual não finaliza quando o texto terminar de ser escrito, e sim que precisa passar pelo processo de revisão seguindo os critérios de coerência e compreensão. Depois que tenham discutido no grupo esses critérios, comentarão os problemas que tiveram para fazer a tarefa. Se algum aspecto não ficar claro, o professor do módulo deverá explicá-lo de novo. Depois, continua como a seguir.)

· Uma vez mais é importante refletirmos sobre como, partindo do mesmo conteúdo, a ideia principal muda de acordo com a organização de ideias realizada pelo escritor (a ideia principal não será a mesma no texto classificatório e no texto comparativo) e perceber também a importância de identificar a estrutura do texto.

Para finalizar esse módulo, vamos recordar os aspectos que precisam estar presentes na instrução da estrutura do texto de classificação ou de comparação-contraste, tanto em nível de compreensão como no de produção.

(O professor apresenta as transparências/slides com os seguintes pontos que vai lendo e comentando.)

Slides-**síntese**

Procedimentos:

a) Para a compreensão do texto

1) Ativar o conhecimento prévio sobre um determinado texto, tanto no que se refere ao conteúdo como na estrutura.

2) Ensinar a identificar a estrutura a partir dos indicadores. Se esses não estão presentes, o tipo de estrutura não está claro, passar para o ponto 3.

3) Ensinar a representar as ideias do texto. Isso também pode ajudar a identificar a estrutura.

4) Ensinar a identificar a ideia principal, tanto a partir da estrutura como a partir de sua representação.

a) No caso dos textos do tipo classificatório, o autor faz grupos, classifica objetos em função de determinadas características ou propriedades. Nesse caso, a **ideia principal** é a frase que resume tanto o sistema de classificação estabelecido pelo autor como as características ou propriedades em função das quais ele faz a classificação. Além disso, nesse tipo de textos, a ideia principal costuma estar expressa explicitamente.

b) Nos casos referentes aos textos comparação-contraste, o autor põe a ênfase na relação que existe entre os objetos ou grupos e nas semelhanças e diferenças entre eles. A **ideia principal**, nesse tipo de textos, é a frase que resume a relação que o autor estabelece e o conjunto de semelhanças e diferenças.

5) Ensinar aos alunos que ainda que as duas estruturas possam parecer similares, a ênfase que o autor dá é diferente e, portanto, a ideia principal também varia.

6) O ensino dessas estratégias é importante, mas a forma de ensiná-las também é. Nosso objetivo é que os alunos tomem consciência de seu próprio processo de compreensão, que o supervisionem e o autorregulem. Para isso, é necessário que ao final de cada sessão fique claro os seguintes aspectos:

a) Que tipo de estratégia foi utilizado.

b) Por que se utilizou essa estratégia e não outra.

c) Quando se deve utilizar essa estratégia.

d) Como se utiliza a estratégia.

Para que esses aspectos fiquem claros, utilizamos primeiramente uma fase de exemplificação, depois de explicação direta e, continuando, oportunizamos que os sujeitos pratiquem o que aprenderam, orientados pelo professor.

b) Para a produção do texto

1) Ativar o conhecimento relativo ao tema que se vai escrever, tanto em relação ao conteúdo quanto à forma de estruturar as ideias e o público para quem está direcionado.

2) Ensinar a gerar ideias sobre um tema determinado.

3) Ensinar a hierarquizar as ideias que foram geradas.

4) Ensinar a representar essas ideias.

5) Ensinar a produzir o texto com estrutura de classificação ou de comparação-contraste, com a utilização dos indicadores.

6) Ensinar a revisar o escrito e a modificá-lo com base nos critérios de coerência e compreensão.

MÓDULO 6
Textos sequenciais, de causa--efeito e problema-solução

1 Objetivos

1) Os participantes deverão ser capazes de ensinar a seus alunos a:
- Identificar textos com estrutura SEQUENCIAL.
- Representar hierarquicamente esses tipos de textos.
- Identificar as ideias principais.
- Produzir textos com propósito de conectar séries de acontecimentos ao longo de um tempo.

Partindo desses objetivos de caráter geral, os professores devem atender aos seguintes objetivos específicos:

- Dado um texto com estrutura sequencial, o leitor deve ser capaz de identificar de que tipo de estrutura se trata, apoiando-se nas pistas fornecidas pelo texto.
- Uma vez que o leitor tenha identificado o tipo de estrutura, deve ser capaz de fazer uma representação hierárquica das ideias que aparecem no texto.
- O leitor deve ser capaz de identificar a ideia principal do texto de estrutura sequencial com base tanto na sua estrutura como na representação hierárquica das ideias.
- O sujeito deve ser capaz de produzir um texto direcionado por um objetivo específico de comunicação (nesse caso, descrever uma série de acontecimentos conectados

no tempo). Para isso, deve utilizar os conhecimentos da estrutura e da representação hierárquica do texto.

2 Estrutura sequencial
a) Introdução

Nos capítulos anteriores vimos como identificar textos que apresentam estrutura de classificação e de comparação-contraste. Na continuação, vamos percorrer uma série de passos com os quais podemos ensinar aos alunos como se identifica a estrutura sequencial.

Isso é importante porque frequentemente, nos livros de textos didáticos, o autor descreve acontecimentos conectados no tempo, com diferentes propósitos:

- Que o leitor compreenda que o resultado final de um determinado processo é o produto de uma série de passos sucessivos: textos **sequenciais** propriamente ditos.

- Que o leitor compreenda que as soluções ou respostas sugeridas são consequências de um problema previamente cogitado: textos de **problema-solução.**

- Que o leitor compreenda a relação de causalidade que existe entre as causas e os efeitos de um determinado fenômeno: textos de **causa-efeito.**

Se vocês atentarem, o que tem em comum nesse tipo de textos é que eles apresentam uma ordem temporal em sua estrutura:

- Nos textos sequenciais propriamente ditos, o processo se desenvolve ao longo de um tempo, e o fato de que um dos passos seja suprimido implica que o processo não seria o mesmo. Um exemplo desse tipo de textos seria alguns históricos e todos aqueles que contêm um procedimento para realizar algo (receita de cozinha, manuais de instruções para a montagem de algum aparelho). Esses textos, geralmente, não têm ideia principal, a não

154

ser que apresentem uma frase que seja o resumo, visto que todos os passos são igualmente importantes.

- Nos textos de problema-solução, a sequência temporal aparece porque a apresentação do problema sempre é anterior, no tempo, do que a busca de soluções.

- Nos textos de causa-efeito, a ordem temporal aparece porque as causas são sempre prévias aos efeitos.

Portanto, a importância da compreensão desse tipo de texto se encontra no fato de que a sua ideia principal precisa incluir a sequência temporal dos eventos conectados no tempo. Isso supõe uma dificuldade a mais, porque são raros os textos em que ela aparece de forma explícita; ao contrário, o leitor terá que fazer um esforço para conectar os fatos, elaborar uma frase que os resuma e que inclua também sua conexão no tempo.

Para isso, eu vou adotar o papel do professor, ou seja, como vamos fazer como se estivéssemos em uma aula, nela vamos demonstrar um tipo de interação que poderiam construir com seus alunos para ensiná-los a identificar a estrutura sequencial. Com esse objetivo vou solicitar que adotem o papel dos alunos, a fim de que possamos interagir de modo mais parecido possível com o que acontece na sala de aula.

DICAS PARA O PROFESSOR

Estrutura 3: sequencial

   a) Definição: descreve uma série de passos ou acontecimentos conectados pelo tempo, de tal forma que não é possível suprimir um dos passos sem que se perca todo o sentido do processo descrito.

   b) Indicadores: expressões como: Realizou-se uma série de procedimentos...; os passos para...; as etapas foram...; os estágios...; o primeiro passo...; depois...

---

b) Exemplo

Aqui temos um exemplo do que vamos estudar hoje: um texto com estrutura sequencial. *(Distribui para os alunos ou apresenta um slide com o texto "A mitose".)*

(Ler com os alunos o texto original. No livro, apresentamos também o texto com um modelo descrevendo os pensamentos que o professor vai tendo ao ler.)

6.1 A mitose

A mitose ocorre em quatro fases muito diferenciadas:

Na primeira fase, o núcleo celular deixa de ter aspecto granuloso, já que a cromatina vai se agrupando em uns filamentos bem finos, a partir dos quais se formarão os cromossomas.

Na segunda fase, a membrana nuclear se rompe e os cromossomas terminam de se formar. Os cromossomas vão se agrupando no equador da célula e cada cromossoma se divide em dois cromossomas filhos; essa divisão dos cromossomas se produz de forma longitudinal, do mesmo modo que se separam as bordas de um zíper. Por exemplo, uma célula humana tem 46 cromossomas. Quando se produz essa divisão se formam 92 cromossomas filhos na célula.

Na terceira fase, os cromossomas filhos começam a se separar, de modo que a metade se direciona a um polo da célula e a outra metade, ao polo oposto. No caso da célula humana, 46 cromossomas se agrupam em um polo e 46 se agrupam em outro.

Na quarta fase, o grupo de cromossomas que se formou em cada polo é envolvido por uma membrana nuclear; ao mesmo tempo, a membrana celular sofre estrangulamento, de modo que a célula se divide em duas. O resultado final é que se formam duas células filhas, exatamente iguais entre si, e a sua vez, iguais à célula mãe.

6.2 A mitose (incluindo os pensamentos do professor)

(A mitose... isso é uma forma que as células têm de se reproduzir... já ouvi outras dessas formas antes... era a bipartição direta... bom... vou ler no que consiste a mitose...) A mitose ocorre em quatro fases muito diferenciadas: *(sim, produz-se em quatro fases, isso quer dizer que é um processo... sim, é um processo... Será que tem uma ideia mais importante que as outras? Bom... vou seguir lendo para ver...)*

Na primeira fase, o núcleo celular deixa de ter aspecto granuloso, já que a cromatina vai se agrupando em uns filamentos bem finos, a partir dos quais se formarão os cromossomas. *(Ou seja, o núcleo da célula tem uma substância que se chama cromatina... Que substância é essa?... Não sei... mas se continuo lendo me informa que os cromossomas se formam a partir dela... então a cromatina será a responsável pela formação dos cromossomas... O que é o mais importante dessa primeira fase? Pois... creio que é o fato de que as cromatinas comecem a formar os cromossomas... Vou seguir lendo...)*

Na segunda fase, a membrana nuclear se rompe e os cromossomas terminam de se formar. *(Efetivamente, então, os cromossomas haviam começado a se formar na primeira fase.)* Os cromossomas vão se agrupando no equador da célula *(Equador da célula? O que é isso? Eu só conheço o equador da Terra... ah! Já sei, o equador é o centro da Terra, então o equador da célula deve ser o seu centro...)* e cada cromossoma se divide em dois cromossomas filhos; essa divisão dos cromossomas se produz de forma longitudinal, do mesmo modo que se separam as bordas de um zíper. *(Ou seja, que nessa segunda fase os cromossomas se agrupam no centro da célula e cada um deles se separa em dois cromossomas filhos... portanto, ... no final dessa fase haverá o dobro de cromossomas que havia no início...)* Por exemplo, uma célula humana tem 46 cromossomas. Quando se produz essa divisão se formam 92 cromossomas filhos na célula. *(De fato, era como eu pensava... os cromossomas se multiplicam por dois ao reproduzir-se...)*

Na terceira fase, os cromossomas filhos começam a se separar, de modo que a metade se direciona a um polo da célula e a outra metade, ao polo oposto. *(Ou seja, que depois, de se separarem no centro da célula... outra vez vão para os extremos... metade para cada um...)* No caso da célula humana, 46 cromossomas se agrupam em um polo e 46 se agrupam em outro.

Na quarta fase, o grupo de cromossomas que se formou em cada polo é envolvido por uma membrana nuclear; ao mesmo tempo, a membrana celular sofre estrangulamento, de modo que a célula se divide em duas. *(Vamos ver se entendi isso... é um pouco complicado... Na terceira fase já tínhamos a metade dos cromossomas em cada um dos extremos da célula... e agora, o que acontece? Informa-me que são envolvidos por uma membrana nuclear... que essa membrana sofre estrangulamento... quer dizer que se rompe? Parece que sim... bom, pois essa membrana se rompe... e a célula se divide em duas...)*

O resultado final é que se formam duas células filhas, exatamente iguais entre si, e a sua vez, iguais à célula mãe. *(Bom, esse é o resultado do processo. Será isso o mais importante? Não, parece que não...porque tão importante é o processo através do qual se produz o resultado, como as suas fases. Então, desse texto... qual é a ideia mais importante? Eu penso que o autor tem a intenção de dizer que a mitose é um processo que se dá em quatro fases... mas, existe uma fase mais importante? Vou voltar a ler o texto para comprovar... Não, eu acredito que todas as fases são igualmente importantes... Porque se suprimo uma delas... o processo não seria o mesmo... Então, qual é a ideia principal? Parece-me que não há uma ideia principal... porque todas têm sua importância... então, o que devo saber é que a mitose é um processo, que se produz em quatro fases e o resultado do processo... e deveria fazer um resumo do importante de cada fase...)*

Continuando, o professor do módulo direcionará a discussão da seguinte maneira:

- O que eu fiz enquanto lia o texto? Que estratégia utilizei?

- Que tipo de perguntas fiz?

- Que problemas tive para compreender a ideia principal do texto?

- Por que utilizei essa estratégia e não outra?

- Quando pode ser mais útil o uso dessa estratégia?

- Acreditam que era necessária a utilização dessa estratégia?

- Que outras estratégias utilizei?

É esperado que nessa discussão os participantes mencionem algo similar a:

- Li o título e pensei sobre ele, ou seja, tentei ativar meu conhecimento prévio sobre o tema.

- Depois procurei definir qual era o tema do texto.

- Realizei inferências (hipóteses) sobre o conteúdo do texto que fui confirmando ou não.

- Fui buscando a ideia mais geral do texto. Ao encontrar a palavra "fases" elaborei a hipótese de que se trata de um processo e, portanto, era possível que não tivesse uma ideia mais geral. Consequentemente, fui analisando cada uma das fases, procurando esclarecer o que era fundamental em cada uma.

- Procurei qual seria a ideia principal do texto e, como se trata de um texto que descreve um processo, não encontrei ideias que fossem mais importantes do que outras. Poderia ter pensado que o resultado do processo era o mais importante. No entanto, o autor se dedicou a me explicar minuciosamente o processo; logo, a forma como se produz a mitose é tão importante quanto o resultado dela. Portanto, concluí que nesse texto não há uma ideia principal e que o que deveria fazer era um resumo, buscando a informação mais importante de cada uma das fases.

(Se, depois do debate, os participantes não mencionarem esses aspectos descritos, o professor do módulo deverá voltar a ler o texto e a expressar seus pensamentos em voz alta, mas dessa vez explicitando o tipo de estratégia que está utilizando. Por exemplo, no momento que ler o título, explicita que está ativando o conhecimento prévio sobre o tema. Neste momento seria conveniente destacar que, além de ter utilizado estratégias específicas de compreensão da estrutura dos textos, também realizou outras relacionadas a todos os processos de leitura, em geral, como identificação de falhas de compreensão ou a supervisão do próprio processo de compreensão.)

Tal como vimos nos dias anteriores, o que se pretende com uma instrução desse tipo é ensinar o processo de identificação da ideia principal, nesse caso de textos sequenciais, visto que nosso objetivo fundamental é o de oportunizar para os alunos a consciência sobre o processo de compreensão.

Em momentos anteriores do curso vimos que podemos ensinar os alunos a representar hierarquicamente as ideias do texto, pois isso contribui para a sua compreensão. Pois bem, na continuação vamos ver um exemplo de como podemos ensinar aos seus alunos a representar hierarquicamente as ideias do texto que acabamos de ler.

6.3 A mitose (representação)

A mitose... bem, pediram-me que faça uma representação hierárquica das ideias deste texto; isso significa que umas soam mais importantes do que outras... Bem, já sei que o tema é mitose, e, além disso, pelo que vimos antes, parece que neste texto a intenção do autor é comentar fundamentalmente as fases desse processo biológico. Como sei que o tema geral é a mitose, coloco esta palavra acima de tudo... Depois cada um dos parágrafos descreve uma fase distinta do processo... Será que uma dessas fases é mais importante que outra? Não, não posso dizer que uma fase seja mais importante porque elas fazem parte de um processo no qual não é possível suprimir nenhuma sem que altere o resultado final... Portanto, todas as fases precisam ficar no mesmo nível...

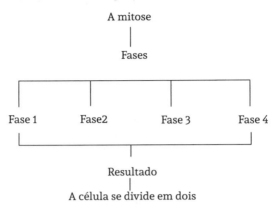

Porém, o último parágrafo do texto não fala de uma fase e sim do resultado final de todo o processo, de todas as fases... portanto, não posso situar no mesmo nível das fases... como se trata de um resultado, devo colocá-lo embaixo, englobando todas as fases. Como posso ver na representação, parece que o objetivo do autor é descrever as fases do processo da mitose... Qual é, então, a ideia principal do texto? Neste texto, como as fases são todas igualmente importantes, não há uma ideia mais importante do que as demais, o que devo saber é que a mitose é um processo de multiplicação celular que passa por quatro fases, e terei que fazer um resumo de cada uma delas.

(*Continuando, o professor deverá dirigir o debate com base nos seguintes questionamentos:*

- *O que eu fiquei fazendo enquanto lia o texto? Que estratégia utilizei?*
- *Que tipo de perguntas me fiz?*
- *Que problemas tive para compreender a ideia principal do texto?*
- *Por que utilizei uma estratégia e não outra?*
- *Quando pode ser mais útil o uso dessa estratégia?*
- *Pensam que era necessária a utilização dessa estratégia?*
- *Que outras estratégias utilizei?*)

Considerando que, como vimos na introdução do tema de hoje, dentro dos denominados textos sequenciais estão incluídas diferentes estruturas, na continuação vou solicitar que realizem um processo mediado para outros dois tipos de textos sequenciais: os de causa-efeito e os de problema-solução. Para isso, e com o objetivo de não estender excessivamente essa aula, solicito que se organizem em grupos, de modo que a metade da classe trabalhe com um dos tipos e a outra metade com o outro.

(É conveniente que os grupos não sejam numerosos, em torno de quatro elementos; o número de grupos dependerá do de participantes. Em qualquer caso, a organização pede que metade dos alunos trabalhe com o processo mediado do texto "A decadência do Império Romano" (causa-efeito) e a outra metade com o texto "Como distinguir uma substância da outra?" (Problema-solução.) O professor solicita que trabalhem durante vinte minutos na identificação da estrutura e na representação hierárquica das ideias dos textos (podem optar por fazer as duas demandas de modo conjunto ou separadamente). Passado o tempo, cada grupo socializará o resultado de seu trabalho e todos analisarão a adequação ou não. Nesta tarefa tem importância especial o tipo de pergunta que os sujeitos se fizeram ao ler o texto, assim como as perguntas que fariam para os alunos. Se surgir algum problema o professor do módulo deverá intermediar a solução, enfatizando que as perguntas que precisam fazer no texto, tipo causa-efeito necessitam ser orientadas no sentido de identificar as causas e os efeitos apontados e que a ideia principal, portanto, precisa incluir esses aspectos. Do mesmo modo, no caso do texto tipo problema-solução, a ênfase deve girar em torno da localização desses aspectos, assim como a ideia principal precisa contê-los.

É preciso salientar também que a relação que se dá entre causa-efeito e problema-solução é de caráter temporal e, também, em ambos os casos, dedicar atenção às estratégias de autorregulação do processo de compreensão. Com esse tipo de atividade se pretende que os participantes pratiquem a fase de mediação e que generalizem as estratégias com diferentes tipos de textos sequenciais.)

6.4 A decadência do Império Romano (texto)

(1) A partir do século III começa a crise do Império Romano. (2) As causas são várias. (3) Os exércitos nomeiam imperadores à sua vontade. (4) O número de escravos converteu Roma (5) em uma cidade gigantesca, (6) mal-abastecida (7) e povoada por estrangeiros de todos os rincões do Império. (8) Os povos ficam despovoados e (9) há um fracasso do sistema econômico (10) que beneficiava exclusivamente os patrícios. Além disso, (11) o cristianismo também contribui para minar o poder do Império Romano.

6.5 Como distinguir uma substância pura de outra? (texto)

(1) Quando comparamos uma parte de chumbo com uma de enxofre, é fácil diferenciar um do outro. O mesmo acontece quando comparamos dois líquidos como a água e o mercúrio.

(2) Porém, em algumas situações os objetos se apresentam aos olhos com tal identidade, que facilmente diríamos que são iguais ou que se trata de uma mesma substância.

(3) Quando se tem em duas jarras líquidos incolores, (4) poder-se-ia afirmar apenas olhando que se trata de um mesmo líquido? (5) Para conseguir distinguir uma substância pura de outra é necessário submeter a matéria a uma série de operações que vão revelar as diferenças existentes entre elas. (6) É preciso não esquecer que a massa é uma propriedade dos corpos que não serve para diferenciar uma substância de outras. (7) Para diferenciar duas substâncias é preciso buscar as propriedades características de cada uma, ou seja, que não sejam a massa, o volume e nem a forma da amostra.

(8) O conhecimento de algumas propriedades características (9) facilitará a diferenciação de uma substância pura de outra, (10) assim como a separação dos diferentes componentes de uma mescla.

c) Instrução direta

Bem, tal como vimos em módulos anteriores, é possível que alguns de seus alunos não cheguem a compreender o tipo de estratégia que se está tentando ensinar com uma instrução como a anterior e que, portanto, necessitem do ensino mais explícito das estratégias que necessitam utilizar.

Na continuação vou mostrar um exemplo de instrução direta da estrutura problema-solução. Novamente vou solicitar que se coloquem no lugar de seus alunos.

· Alguém de vocês se lembra no que consiste a estrutura problema-solução?

(Escutam as opiniões dos participantes, enfatizando aquelas que vão na direção adequada. Dado que anteriormente vimos a descrição das estruturas, é esperado que as contribuições dos sujeitos se aproximem da seguinte: "A estrutura de problema-solução de um texto aparece quando o autor apresenta um problema ou questionamento ao qual procura atender com possíveis

soluções ao longo do texto. A ideia principal desse tipo de texto costuma estar organizada em duas partes: uma parte de problema e outra de solução, ou uma de pergunta e outra de resposta". É possível que os participantes não recordem da definição completa. Nesse caso, o professor do módulo irá questionando até chegar à definição. Depois, continua como segue.)

• Muito bem, parece que estamos de acordo que a estrutura problema-solução pode ser definida como *(neste momento o professor repete em voz alta a definição anterior e escreve no quadro ou mostra em uma tela, dependendo dos meios que tenha).*

Igual ao que vimos com os textos de outras estruturas, nos textos de problema-solução também costumam aparecer palavras ou expressões sinalizadoras que podem nos facilitar a identificação da estrutura. Alguém de vocês recorda quais eram as que costumam aparecer nesse tipo de textos?

(Escutam as opiniões dos participantes, enfatizando aquelas que vão na direção adequada. É esperado que os participantes mencionem as seguintes:

- Relativas ao problema: problema, pergunta, questionamento, perplexidade, dúvida, investigação, necessidade de prevenir...

- Relativas à solução: solução, resposta, alternativa, réplica, explicação, para atender ao problema, para resolver a questão...

O professor do módulo deverá repetir em voz alta as palavras mencionadas, acrescentando, se necessário, e escrevendo no quadro, abaixo da definição da estrutura do texto. Após, continua como a seguir.)

• Bem, do que vimos até agora, vamos recordar o que temos que considerar:

a) Que a presença de algumas palavras ou expressões podem nos ajudar a identificar sua estrutura.

b) Que esse tipo de textos costuma ter ideia principal, mas geralmente não está explícita.

c) Que, quando nos deparamos com um texto no qual o autor apresenta um problema, ou fato curioso para o qual busca explicações, soluções ou respostas, a melhor forma de saber qual a ideia principal desse tipo de textos é relacionar em uma mesma frase o problema ou questionamento e a solução ou resposta.

Na continuação vamos ver o que estudamos até agora em um texto desse tipo. Por favor, leiam o texto a seguir.

6.6 As miragens (texto)

(1) Todos já ouvimos histórias sobre pessoas perdidas no deserto, que, diante da ansiedade de encontrar água, veem miragens, palmeiras refletidas em lagos que não existem e que, ao tentar alcançá-los, distanciam-se mais e mais. (2) Por que isso acontece?
(3) O motivo da miragem é que o solo arenoso emite raios em todas as direções. (4) Os raios que chegam ao solo normalmente são absorvidos por ele, (5) mas no deserto, nas horas mais quentes, ocorre um efeito interessante: (6) o solo fica tão quente (7) que o ar que está imediatamente acima é menos denso que o restante; (8) esta falta de homogeneidade do ar (9) faz com que os raios desviem para cima, como se refletissem um espelho, (10) dando a sensação de que o solo é uma superfície de uma pequena lagoa.

• Lido o texto, vamos estudar o processo a seguir para determinar se ele pode ser incluído no grupo de textos com a estrutura problema-solução, sempre considerando as características desse tipo de estrutura de textos.

Característica 1: O primeiro que nos informa a definição é que nesse tipo de textos o autor apresenta um problema ou uma pergunta. Neste texto esse critério foi atendido?

(Escutam as opiniões dos participantes, enfatizando aquelas que digam que efetivamente o autor faz uma pergunta: Por que vemos miragens? É de se esperar que nesse ponto não apareça nenhum problema, visto que o texto aparece em forma de pergunta. Depois se continua como a seguir.)

• Portanto, a frase que nos afirma explicitamente o problema é a número 4. Pois bem, onde colocaremos essa frase?

(Escutam as opiniões dos participantes, enfatizando aquelas que digam que a frase deve se situar na parte de cima do diagrama. Neste momento o professor do módulo colocará o número 4 na parte superior do quadro e escreverá a palavra problema. Depois continua como a seguir.)

• Porém, antes que o autor apresente o problema, existem outras frases. O que nos informam elas?

(Escutam as opiniões dos participantes, enfatizando aquelas que digam que se trata de uma introdução ao tema, no qual o autor informa no que consistem as miragens, ou seja, constata que o fato acontece antes de iniciar a questionar-se o porquê. Continua como a seguir.)

· Então, se a constatação de um fato é algo prévio a questionar-se por que acontece, onde situaremos essa frase, acima ou embaixo da pergunta?)

(Escutam as opiniões dos participantes, enfatizando aquelas que digam que se colocará acima. Continua como a seguir.)

· Bem, uma vez que o problema foi apresentado, feita a pergunta podemos esperar que o autor elabore uma solução ou algum tipo de resposta. Nossa tarefa agora é procurar no texto se existe uma solução ou resposta. Alguém pode me dizer onde aparece nesse texto a solução ou explicação ao fenômeno das miragens?

(Escutam as opiniões dos participantes, enfatizando aquelas que digam que o segundo parágrafo todo constitui a explicação das miragens. Continua como segue.)

· Muito bem, efetivamente o segundo parágrafo nos oferece a explicação para a pergunta apresentada, mas... como souberam? *(Neste momento o professor se dirige a um dos participantes que tenha respondido anteriormente. É esperado que os participantes mencionem "porque o parágrafo começa com 'o motivo das miragens é', e na continuação nos oferece a explicação". Se isso não for comentado, o professor do módulo deverá explicitar.)*

· Muito bem, agora quero que se fixem no que disse o colega (ou eu). Ele utilizou um indicador do texto para identificar qual era a solução. Assim, podemos perceber que já encontramos no texto o questionamento, também encontramos a explicação e identificamos indicadores utilizados (pergunta, o motivo...). Portanto, esse texto atende os critérios necessários para que seja considerado de problema-solução.

· Bem, agora vamos ver como representamos as frases correspondentes à solução. Viram essas frases? Que números

são? *(Espera-se que os participantes mencionem a 3 e 7).* Pensam que alguma dessas é mais importante que as demais?
(Escutam as opiniões dos participantes, enfatizando aquelas que digam que todas as frases são igualmente importantes, pois o autor está descrevendo uma sequência. Se isso não for mencionado, o professor do módulo deverá dizer. Continua como segue.)

• Portanto a forma de representar um processo ou sequência é colocar todas as frases que a representam no mesmo nível, assim *(coloca os números no quadro).*

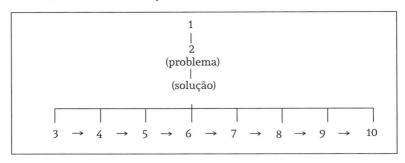

• Além das características da estrutura de problema-solução, afirmávamos que, com frequência, costumam aparecer sinalizadores no texto que nos ajudam a determinar de que tipo de estrutura se trata. Nesse caso, já vimos que apareciam essas sinalizações. Porém, é conveniente que lembremos que há ocasiões em que essas sinalizações não estão explícitas e devemos tentar identificá-las para compreender melhor o texto.

• No texto que estamos analisando, comprovamos que os critérios foram atendidos. Portanto, podemos determinar sem dúvida que se trata de um texto com estrutura problema-solução, porque o autor apresentou uma pergunta e nos forneceu a explicação ou resposta para ela. Além disso, utilizou palavras usuais nesses textos.

• Uma vez que finalizamos a representação, temos um modelo de como estão organizadas as ideias desse texto. Pois bem, considerando: a definição de ideia principal; que o texto apresenta uma estrutura de problema-solução; que nesse tipo de texto a ideia principal tem que conter tanto o problema como a solução; e a representação hierárquica das ideias, qual é a ideia principal desse texto?

(Escutam as opiniões dos participantes, enfatizando aquelas que indiquem que a ideia principal é: "A miragem é um fenômeno que se produz como consequência das altas temperaturas, o qual faz com que o ar que está imediatamente acima do solo perca densidade, produzindo uma percepção parecida com o de uma lagoa". Continua como segue.)

· Como podem observar, a ideia principal que propomos contém os elementos que devem incluir a ideia principal desse tipo de texto:

a) O problema que apresenta o autor: a miragem.

b) A explicação que elabora: produz-se como consequência de...

A ideia principal é, portanto, a frase que resume o problema apresentado e a solução proposta. Isso é importante porque com frequência os alunos costumam pensar, equivocadamente, que a ideia principal desse tipo de texto é apenas a solução.

Antes de finalizar com esse tipo de texto, gostaria que refletíssemos alguns minutos sobre o seguinte aspecto: No texto da miragem o autor apresentava uma pergunta e nos dava a explicação dessa pergunta. Então concluímos que era um texto com a estrutura pergunta-solução. Agora, gostaria que pensassem sobre qual a natureza da pergunta... *(Permite que pensem por uns segundos e continua como segue.)*

Percebam que o autor pergunta *por que*, quer dizer, pergunta pela causa. Nós chegamos à conclusão de que se trata de um texto de problema-solução, porque o autor se questiona sobre a causa, elaborando uma pergunta. Portanto, ele escolheu uma das formas possíveis de comunicar e que faz com que estruture as ideias de uma determinada maneira. Imaginem que, em vez de fazê-lo em forma de pergunta, o autor, no final do primeiro parágrafo, escrevesse: "a causa das miragens é a seguinte..." *(Se for necessário, voltar a ler o texto substituindo a pergunta pela frase que acabamos de propor.)* Então, seguiríamos pensando que se trata de um texto com estrutura problema-solução?

(Escutam as opiniões dos participantes, enfatizando aquelas que indiquem que o texto passaria a ser de causa-efeito. Se isso não for mencionado, o professor deverá dizer. Depois se continua como segue.)

· Bem, decidimos que houve mudança na estrutura do texto, mas e a ideia principal, mudou também?

(Escutam as opiniões dos participantes, enfatizando aquelas que afirmem que a ideia principal não mudou, continuando a mesma. Depois, continua como segue.)

· Com essa reflexão queria que percebessem que há ocasiões em que os textos de problema-solução e causa-efeito são muito parecidos, principalmente quando nos primeiros se apresentam problemas que incidem sobre as causas ou fundamentos de determinados fatos ou fenômenos. Além disso, em ambos casos, o processo de identificação da ideia principal é semelhante: no primeiro inclui a relação entre problema e solução, e no segundo entre causa e efeito.

d) Prática de estratégias

Bem, depois de termos visto o processo para ensinar aos alunos a compreender as ideias principais dos textos sequenciais, e visto que antes praticamos o processo mediado, na continuação vamos praticar a instrução direta das estratégias a serem seguidas para identificar esse tipo de estrutura e para representar os textos incluídos nesse grupo, para o que utilizaremos o texto "A população rural" a seguir.

6.7 A população rural

(1) A organização da população rural, tal e como a conhecemos atualmente, deve-se a uma grande variedade de fatores:
(2) A dispersão das casas rurais (3) obedece a causas diversas: (4) tradições, (5) divisão da propriedade, (6) cultivos intensivos e (7) abundância da água.
(8) A concentração em povoados ou aldeias também se deve a (9) motivos variados: (10) tradições, (11) exploração coletiva do campo (12) ou escassez de água. (13) Há diferentes tipos de povoados: (14) em ruas, (15) organizado ao longo de um caminho ou estrada; (16) em formato de estrela, (17) localizado em cruzamentos de estradas, (18) que possuem no centro uma praça; (19) em formato de círculo, (20) que pode ter sido originado por razões defensivas; (21) em uma subida ou (22) ao pé de uma montanha.

(Como foi feito com o texto sobre a mitose, o professor do módulo solicitará que os alunos se dividam em grupos e distribui o texto entre eles. Informa que possuem 20 minutos para trabalhar na identificação da estrutura e na representação hierárquica das ideias do texto (podem optar por fazer as duas demandas de modo conjunto ou separadamente). Passado o tempo, cada grupo socializará o resultado de seu trabalho e todos analisarão a adequação ou não. Se surgir algum problema o professor do módulo deverá intermediar a solução. Após, o professor deverá orientar o debate em torno dos seguintes aspectos:

- No modelo que eles elaboraram estão claras o tipo de estratégias que querem ensinar?

- Explicam a seus alunos por que é mais conveniente utilizar um tipo de estratégia e não outro?

- Fica claro quando devem utilizar essas estratégias?

- Explicam como utilizá-las e para que servem?

Além disso, informar que, como orientação, a ideia principal deste texto deve incluir as causas da dispersão e das formas de concentração da população rural, assim como os problemas. Nesse caso, a ideia principal está implícita e é tarefa do leitor elaborar um pequeno resumo da informação contida no texto, que é o que corresponde à ideia principal. Uma das formas de representar hierarquicamente este texto seria:

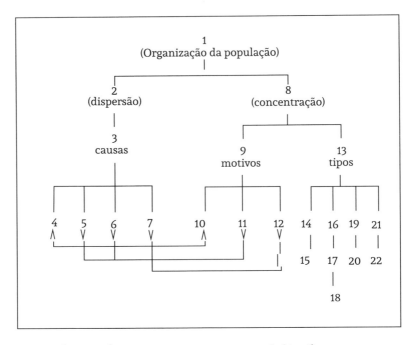

3 Produção de um texto com o propósito de expor acontecimentos sequenciais ou conectados no tempo

Até agora, o que vimos neste módulo foi como identificar a estrutura (ou o propósito comunicativo do autor) em um determinado texto para, a partir dela, representá-lo e identificar sua ideia principal. Porém, neste momento vamos refletir sobre o processo contrário, ou seja, dado um determinado propósito *(nesse caso, expor acontecimentos sequenciais ou conectados no tempo),* ou uma determinada estrutura, nesse caso a sequencial, de problema-solução ou de causa-efeito, vamos produzir um texto.

Pois bem, na continuação, vamos refletir sobre o processo que seguimos para compor um texto, para depois ver como podemos ensinar esse processo aos alunos.

- Como já vimos em módulos anteriores, para produzir um texto, primeiramente temos que ativar nosso conhecimento prévio em relação a dois aspectos: o conteúdo que queremos comunicar e a meta que queremos alcançar. Para isso temos que responder a uma série de perguntas:

a) O que eu sei sobre o tema? O que quero comunicar?
b) A quem vai direcionada minha comunicação?
c) Como quero comunicar?

Responder a essas questões vai determinar o tipo de vocabulário que vamos utilizar, o grau de complexidade das ideias que vamos expressar e que escolhamos uma estrutura de texto. Hoje, vamos produzir um texto partindo de dois propósitos diferentes:

1) Explicar aos alunos o ciclo de formação das chuvas.
2) Procurar responder à pergunta: Como se formam as chuvas.

(Neste momento se apresenta o desenho "O ciclo de formação das chuvas". O objetivo é que os participantes elaborem primeiro um texto com estrutura predominantemente sequencial relacionada com o desenho e, depois, mantendo o mesmo conteúdo, com uma estrutura predominantemente de problema-solução.)

CICLO DE FORMAÇÃO DAS CHUVAS

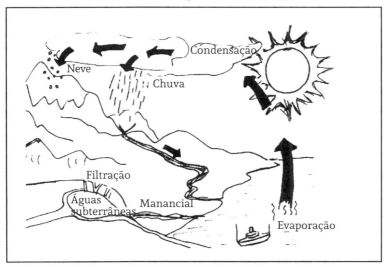

• A primeira pergunta que devemos responder se refere aos conhecimentos sobre o tema que vamos escrever. Portanto, o que temos que fazer primeiro é gerar ideias relacionadas com o desenho que nos foi dado. Porém, a ativação desses conhecimentos também está determinada pelo público a quem vai direcionada a comunicação (que consideraremos ser as crianças do 6° ano da educação básica).

(O professor do módulo oferece alguns minutos para que os participantes pensem nas ideias e espera que elaborem algumas parecidas com as seguintes (considerando a diversidade de conhecimentos prévios, as ideias que propomos podem ser consideradas apenas como exemplos). Algumas possibilidades:

- Quando faz calor, a superfície dos mares, dos rios e dos pântanos se encontra em permanente estado de evaporação.

- Ao evaporar, a água se transforma em vapor de água que se mistura com o ar e se eleva até as camadas mais frias.

- Com o frio, o vapor de água se condensa em forma de gotas de diferentes dimensões, dando lugar às nuvens.

- Quando essas gotas pesam muito, a nuvem rebenta e a chuva cai com uma intensidade que depende do volume das gotas.

- A água da chuva e a neve caem nos rios e se filtram, formando as águas subterrâneas.

- As águas subterrâneas e os rios vão terminar no mar, e outra vez começa o ciclo.

Como cada um dos assistentes criou ideias diferentes, o professor solicita a cada um que leia, escreve no quadro e trabalha com elas, ainda que o propósito seja que cada um dos participantes trabalhe com as ideias que ele mesmo criou. Continua como segue.)

• Bem, com isso já respondemos às duas perguntas. Agora falta a terceira: como quero comunicar, o que é o mesmo que escolher o tipo de estrutura para comunicar minhas ideias. Nesse caso, a metade dos participantes vai organizar as ideias em uma estrutura predominantemente sequencial e a outra metade em uma estrutura predominantemente de problema-solução, de acordo com os objetivos que já havíamos estabelecido.

Alguém se lembra os passos que precisam realizar?

(Todos escutam as opiniões dos participantes, enfatizando aquelas que sigam na direção adequada. É esperado que os participantes mencionem o seguinte:

a) Organizar hierarquicamente as ideias do texto.

b) Pensar nas características do tipo de estrutura que se vai utilizar e nos indicadores que se costuma usar.

Se os participantes não mencionarem esses aspectos, o professor do módulo deverá explicitá-los. Depois, solicita aos participantes que produzam o texto, estabelecendo um tempo determinado para a atividade. Depois de 15 minutos, divide a classe em três ou quatro grupos (dependendo do número de participantes, grupos em torno de quatro pessoas) e solicita que discutam a adequação dos textos produzidos, com base nos seguintes critérios:

- Estrutura sequencial ou de problema-solução (dependendo do caso).

- Se utilizaram os indicadores e se são adequados ao tipo de texto produzido.

- Se o modo como organizaram as ideias facilita a identificação da ideia principal pelo leitor.

Passados 20 minutos, segue o mesmo procedimento anterior: debate em pequenos grupos e no grande grupo. Nesse debate se deve enfatizar o "critério de compreensibilidade do texto", ou seja, os colegas de classe precisam ler as produções dos companheiros e procurar identificar a ideia principal. Se a ideia principal não coincidir com a que o autor desejava comunicar, o escritor deverá revisar e modificar seu texto até conseguir que os leitores identifiquem a informação que pretendia comunicar. Para realizar isso, tanto os escritores quanto os leitores anotarão as ideias principais dos textos para comparar. Com essa atividade se pretende que os participantes se conscientizem de que o processo de produção não termina quando se escreve o texto, mas sim que deve passar pelo processo de revisão seguindo critérios de coerência e compreensão. Após o debate sobre esses critérios, cada um descreverá os problemas que teve para elaborar o texto. Se algum dos aspectos não ficar claro, o professor do módulo deverá explicar novamente. Depois, continua como descrito a seguir.)

· Mais uma vez, é importante que possamos refletir sobre como, partindo de um mesmo conteúdo, a ideia principal muda quando muda a forma como o escritor organiza as ideias (a ideia principal não é a mesma em um texto classificativo e em um comparativo), por isso a importância de identificar a estrutura do texto.

Para finalizar este módulo, vamos lembrar os aspectos que devem estar presentes na instrução da estrutura do texto sequencial tanto em nível de compreensão como de produção.

(O professor apresenta slides dos seguintes aspectos, lendo um a um.)

Slides-síntese

Procedimentos:

a) Para tarefa de compreensão textual

1) Ativar o conhecimento prévio sobre um determinado texto, tanto em relação ao conteúdo como a sua estrutura.

2) Ensinar a identificar a estrutura a partir dos indicadores. Se esses não estão presentes, e o tipo de estrutura não está claro, passar ao ponto 3.

3) Ensinar a representar as ideias do texto. Isso também pode contribuir para a identificação da estrutura.

4) Ensinar a identificar a ideia principal, tanto a partir da estrutura como a partir de sua representação.

a) No caso dos textos sequenciais, o autor expõe os acontecimentos que têm uma conexão temporal. Nesse caso, a ideia principal é a frase que resume os acontecimentos conectados no tempo, seja uma sequência (procedimento), o conjunto de problemas e soluções, ou a união de causas e efeitos.

b) Nesse tipo de textos a ideia principal não costuma estar expressa explicitamente, o que supõe uma dificuldade a mais, pois é o próprio sujeito que precisa elaborá-la.

c) Nos casos de textos sequenciais propriamente ditos, a frase que resume a ideia principal precisa incluir a sequência, pois se faltar algum passo mudaria o resultado.

d) No caso de textos problema-solução, a frase que resume a ideia principal precisa incluir tanto a pergunta como a solução do autor.

e) Nos textos com estrutura de causa-efeito, a frase que resume a ideia principal precisa incluir as causas e os efeitos.

5) Ensinar aos alunos que o importante nesse tipo de estruturas é a conexão temporal.

6) O ensino destas estratégias é importante, mas também o *é a forma de ensinar*. Nosso objetivo é que os alunos percebam seus próprios processos de compreensão, que possam supervisioná-los e autorregulá-los. Para isso, é necessário que fiquem claros os seguintes aspectos:

a) Que estratégia foi utilizada.

b) Por que se utilizou essa estratégia e não outra.

c) Quando se deve utilizar essa estratégia.

d) Como se utiliza essa estratégia.

Para que esses aspectos fiquem claros utilizamos:

1º) uma fase de exemplificação;

2º) uma fase de explicação direta;

3º) uma fase de prática, mediada pelo professor, das estratégias aprendidas.

b) Para tarefa de produção textual

1) Ativar o conhecimento relativo ao tema tanto em relação ao conteúdo como à forma de estruturar as ideias e o público para quem será direcionado o texto.

2) Ensinar a gerar ideias sobre determinado tema.

3) Ensinar a hierarquizar as ideias que se produziu.

4) Ensinar a representar essas ideias.

5) Ensinar a produzir um texto com estrutura sequencial, apoiando-se nos indicadores típicos desse tipo de estrutura.

6) Ensinar a revisar o escrito e a modificá-lo com base nos critérios de coerência e compreensibilidade.

Módulo 7
Textos argumentativos

1 Objetivos

Os participantes deverão ser capazes de ensinar a seus alunos a:
- Identificar textos com estrutura argumentativa.
- Representar hierarquicamente esse tipo de texto.
- Identificar as ideias principais.
- Produzir textos com o propósito de convencer os leitores de uma opinião, fato ou crença, utilizando para isso razões a favor e/ou contra o que foi apresentado.

Partindo desse objetivo de caráter geral, os professores devem objetivar atender aos seguintes objetivos específicos:
- Dado um texto com estrutura argumentativa, o leitor deve ser capaz de identificar de que tipo de estrutura se trata, apoiando-se nos indicadores que o texto oferece.
- Uma vez identificado o tipo de estrutura, deve ser capaz de fazer uma representação hierárquica das ideias que aparecem no texto.
- O leitor deve ser capaz de identificar a ideia principal de textos argumentativos, baseando-se tanto na estrutura como na representação hierárquica das ideias, assim como diferenciar o que for ideia principal da opinião ou crença do autor.

- O sujeito deve ser capaz de produzir um texto orientado por uma finalidade de comunicação determinada (nesse caso convencer o leitor). Para isso, deve utilizar os conhecimentos da estrutura e da representação hierárquica dos textos.

2 Estrutura argumentativa
a) Introdução

No capítulo anterior vimos como identificar a estrutura, como representar as ideias do texto e a ideia principal e como produzir textos com estrutura sequencial. Continuando, vamos realizar os mesmos passos, mas, nesse caso, para estudar como ensinar aos alunos a estrutura argumentativa.

Isso é importante porque é comum nos depararmos com textos em que o autor se limita a descrever, comparar, apresentar um problema e buscar soluções ou a analisar as causas de um determinado fenômeno de forma objetiva, porém também é frequente nos depararmos com textos nos quais o autor procura nos convencer de seu ponto de vista (geralmente subjetivo). Esses são os textos denominados de opinião e seguem, em geral, a estrutura que denominamos argumentativa.

Um objetivo fundamental de toda instrução sobre compreensão de textos é conseguir que o sujeito diferencie os textos que descrevem, explicam ou comparam fatos objetivos, daqueles em que o autor expõe sua opinião, e, também, que o sujeito avalie as razões que o autor utiliza para convencer o leitor e conclua se são ou não suficientes para que o leitor mude ou assuma a opinião da qual tentam convencê-lo. Portanto, para a instrução desse tipo de texto nos deparamos com dois tipos de tarefas:

1) Que o sujeito compreenda a mensagem que o autor tenta transmitir e, portanto, identifique a ideia principal.

2) Que o sujeito avalie as razões postuladas pelo autor, ou seja, que elabore sua própria opinião a partir das razões que o autor emite no texto.

Consequentemente, a importância da compreensão desse tipo de texto se apoia no fato de que sua ideia principal sempre precisa incluir o que o autor conclui sobre o fato que quer nos convencer, mas, além disso, o sujeito precisa saber que nesses textos, diferente dos outros, há a possibilidade de elaborar uma opinião pessoal. É muito importante que os sujeitos diferenciem esses dois aspectos: a ideia principal e sua opinião. Deve ficar claro que a ideia principal pode ou não coincidir com sua opinião pessoal. No caso de não coincidir, o sujeito deve ser capaz de diferenciá-las

Para mostrar como poderiam ensinar esses aspectos, vou adotar o papel de professor, ou seja, o seu papel na aula, para demonstrar um tipo de interação que poderiam manter com seus alunos para ensiná-los a identificar a estrutura argumentativa. Com esse objetivo, vou solicitar que vocês adotem o papel de alunos para que possamos ter uma interação a mais parecida com a que acontece nas aulas.

DICAS PARA O PROFESSOR

Estrutura 8: argumentação

a) Definição: a argumentação surge quando o autor procura convencer o leitor de uma crença ou opinião, oferecendo para isso um conjunto de razões favoráveis à sua conclusão. Portanto, um texto argumentativo é aquele que contém argumentos, premissas, razões e conclusão. Também costumam aparecer exemplos para apoiar as razões dadas.

b) Indicadores: expressões que indicam de que o que virá é uma conclusão, tais como: portanto, consequentemente, sendo assim, então, implica que, supõe que, o qual, mostra que, prova que, indica que, nos permite concluir que, é possível deduzir que, sugere que, leva a crer que, apoia a ideia de que, como conclusão... Expressões que indicam que o que virá a seguir é um postulado: dado que, por, porque, em razão de que, em vista do fato que, como é indicado por, como é sustentado por, as razões pelas quais etc.

b) Exemplo

Aqui temos um exemplo do que vamos estudar hoje, um texto com estrutura argumentativa. *(Distribui ou apresenta em slides o texto "A discriminação racial".)*

Na continuação vamos ler o texto. Coloquei entre parênteses alguns pensamentos que são possíveis de ter enquanto se lê o texto. Por favor, acompanhem a leitura.

7.1 A discriminação racial (texto)

(1) Todas as pessoas, pelo fato de o serem, possuem uma série de direitos que precisam ser reconhecidos, sem exceção nem discriminação alguma. (2) As discriminações raciais (3) são inaceitáveis e (4) devem ser condenadas sem reservas onde aconteçam e quando aconteçam.

(5) O *apartheid*, isto é, a política que foi seguida por alguns países como a África do Sul (6), é um sistema que não apenas separa a raça branca da negra, (7) mas que discrimina todas as raças em benefício da branca. (8) Como informação significativa, pode-se destacar (9) o fato de que todos os cargos importantes no governo ou na economia eram desempenhados por brancos.

(10) Por consequência, o *apartheid*, como sistema político claramente racista, é inaceitável e deve ser condenado tal e como fizeram as Nações Unidas sucessivas vezes.

7.2 A discriminação racial (mediada pelo professor)

A discriminação racial... *Que é isso? Bem, parece que é tratar diferente as pessoas, dependendo da raça que sejam... ah, por exemplo, em alguns países, os negros são discriminados em relação aos brancos, são tratados de forma diferente porque são de raças diferentes... e as pessoas que apoiam isso são racistas... então parece que discriminação racial é o mesmo que racismo... mas, na Espanha... será que há também racismo?... Parece que os ciganos são tratados de modo diferente... Bem... já sei o que é a discriminação racial... e além disso sei que há pessoas que são racistas e outras não. Agora vou seguir lendo o texto para ver o que o autor diz sobre isso.*

Todas as pessoas, pelo fato de o serem, possuem uma série de direitos que precisam ser reconhecidos sem exceção, nem discriminação alguma. *(Bem, o que é que o autor está me dizendo nessa frase? Que todas as pessoas têm o mesmo direito... Então, parece-me que o autor não está a favor da discriminação e, sim, contra... Vou seguir lendo...)* As discriminações raciais são inaceitáveis e devem ser condenadas sem reservas onde aconteçam e quando aconteçam. (*Bem, parece que o autor não apenas está contra a discriminação, como pensa que ela deve ser condenada... Será a ideia principal do texto que o racismo é inaceitável e, portanto, deve ser condenado? Poderia ser... mas vou seguir lendo para comprovar...*)

O *apartheid*, isto é, a política que foi seguida por alguns países como a África do Sul, é um sistema que não apenas separa a raça branca da negra, mas que discrimina todas as raças em benefício da branca. (*O apartheid? Que palavra estranha... porém, depois o autor explica o que é... parece que era um sistema político que tinha na África do Sul e que se baseava na discriminação racial ...ou seja, que racistas não são apenas algumas pessoas... mas também há países e governos que o são... pois isto sim é uma surpresa... Eu pensava que isto não existia... vou seguir lendo...*) Como informação significativa pode se destacar o fato de que todos os cargos importantes no governo ou na economia eram desempenhados por brancos.

Por consequência, o *apartheid*, como sistema político claramente racista, é inaceitável e deve ser condenado tal e como já o fizeram as Nações Unidas sucessivas vezes.

(*Vamos ver... parece que essa é a conclusão que chega o autor... que o apartheid deve ser condenado... Então, qual a ideia principal, do que será que o autor quer me convencer? Quando li o primeiro parágrafo pensei que podia ser a ideia principal... mas agora... eu creio que o autor trata de nos convencer que o regime racista que havia na África do Sul deve ser condenado por todos os países... então essa é a ideia principal... então o primeiro parágrafo... Ah! Já sei... O que ele faz no primeiro parágrafo é fornecer motivos ou argumentos nos quais baseou suas conclusões... quer dizer... se todas as pessoas têm os mesmos direitos e quando esses direitos são violados devem ser condenados, então como a África do Sul não respeitava os direitos de outras raças diferentes da branca... todos os países deveriam condená-la por isso... Então, o que o autor fez foi oferecer motivos para chegar a uma conclusão, e a ideia principal é a conclusão. Mas, além disso, parece que o autor tratava de me convencer do seu ponto de vista. Ele conseguiu? Parecem-me válidos os motivos a partir dos quais ele chegou a sua conclusão... sim, eu penso que os motivos são válidos; portanto, eu também acredito que o racismo deve ser condenado.*)

(*Depois desse processo, o professor do módulo dirigirá um debate orientado pelos seguintes questionamentos:*

- O que eu estava fazendo enquanto lia o texto? Que estratégia utilizei?

- Que tipo de perguntas me fiz?

- Que problemas tive para compreender a ideia principal do texto?

- Por que utilizei uma estratégia e não outra?

- Quando pode ser mais útil o emprego dessa estratégia?

- Pensam que era necessário a utilização dessa estratégia?

- Que outras estratégias utilizei?

A expectativa é que nesse debate os participantes mencionem algo similar ao seguinte:

- Li o título e pensei sobre ele, ou seja, tentei ativar meu conhecimento prévio sobre o tema.

- Depois procurei definir qual era o tema do texto.

- Realizei inferências (hipóteses) sobre o conteúdo do texto que fui confirmando ou não.

- Fui buscando a ideia mais geral do texto. Ao encontrar uma afirmação de tipo mais geral no primeiro parágrafo, pensei que essa poderia ser a ideia principal. Porém, depois me dei conta que esta era apenas a razão da qual se serviu o autor para chegar à conclusão. Portanto, pensei que era a conclusão e não as razões, a ideia principal. Para chegar a isso, fui comparando minhas hipóteses iniciais com a informação que o texto ia proporcionando. Para isso, fui supervisionando meu processo de compreensão.

- Além disso, percebi que o autor não apenas queria comunicar algo, mas também queria convencer-me, através de seus motivos, da sua conclusão. Portanto, avaliei os motivos e pensei que são válidos e, como consequência, fui convencido pelo autor. Pensei criticamente sobre o texto.

Se, depois do debate, os participantes não mencionarem esses aspectos descritos, o professor do módulo deverá voltar a ler o texto e a expressar seus pensamentos em voz alta, masd essa vez explicitando o tipo de estratégia que está utilizando. Por exemplo, no momento que ler o título, explicita que está ativando o conhecimento prévio sobre o tema. Neste momento seria conveniente destacar que, além de ter utilizado estratégias específicas de compreensão da estrutura dos textos, também realizou outras relacionadas a todos os processos de leitura, em geral, como identificação de falhas de compreensão ou a supervisão do próprio processo de compreensão.)

Tal como vimos com os outros tipos de textos, o que se pretende com uma instrução desse tipo é ensinar o processo de identificação da ideia principal, nesse caso em textos argumentativos. Porém, além disso, queremos que nesse tipo de textos o sujeito avalie criticamente a informação que o autor apresenta.

Com isso, assim como aconteceu nos outros módulos, pretendemos contribuir para que os alunos se conscientizem do processo de compreensão textual.

Em módulos anteriores vimos que também é possível ensinar aos alunos a representar hierarquicamente as ideias do texto, visto que isso contribui para a compreensão. Pois bem, na continuação vamos ver um exemplo de como poderíamos fazer isso com o texto que acabamos de ler.

(Mostrar o diagrama correspondente ao processo de representação do texto.)

7.3 A discriminação racial (representação)

Vamos ver... pediram-me que fizesse uma representação hierárquica das ideias do texto... Primeiramente, vou reler o texto todo... Bem, qual é a ideia principal? Que se deve condenar o *apartheid*... essa é a conclusão do autor... Pois represento no início... Mas... se ele chegou a uma conclusão, deve ter oferecido as razões para isso... então as razões são menos importantes do que a conclusão... coloco pendurado na conclusão...

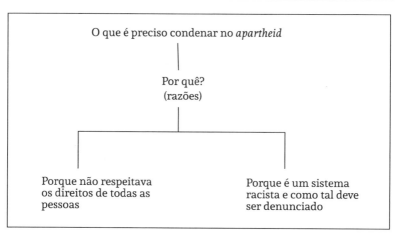

(Na continuação, o professor do módulo deverá dirigir o debate com base nos seguintes questionamentos:
  - O que eu fiquei fazendo enquanto lia o texto? Que estratégia utilizei?
  - Que tipo de perguntas me fiz?
  - Que problemas tive para compreender a ideia principal do texto?

- Por que utilizei uma estratégia e não outra?
- Quando pode ser mais útil o uso dessa estratégia?
- Pensam que era necessária a utilização dessa estratégia?
- Que outras estratégias utilizei?)

• Bem, na continuação, e tal como fizemos em outros módulos, vamos praticar como ensinar os alunos a identificar a ideia principal, a representar e a avaliar criticamente os textos argumentativos.

(Neste momento, os participantes deverão se organizar em grupos. É conveniente que os grupos não sejam muito numerosos, em torno de quatro pessoas, e o número de grupos dependerá do de participantes. Os grupos trabalharão sobre o texto "O método científico". O professor solicita que elaborem tanto a identificação da estrutura como a sua representação (separada ou conjuntamente), informando que os grupos possuem aproximadamente 20 minutos para a tarefa. Depois disso, cada grupo socializará sua produção e discutirão entre todos a adequação do processo realizado pelo grupo, como em outros módulos já foi feito. Nessa fase, tem importância especial o tipo de perguntas que os sujeitos fazem uns para os outros enquanto leem o texto, assim como o tipo de perguntas que fariam aos alunos. Se surgir algum problema, o professor do módulo deverá intervir, considerando que as perguntas que fizer ao grupo que estiver tendo problemas devem ser orientadas no sentido de encontrar as razões ou argumentos em que o autor se embasa para tentar convencer o leitor da conclusão que chega, e que a ideia principal, portanto, precisa incluir a conclusão. Também é importante insistir no fato de que devem avaliar criticamente tanto as razões que apoiam a conclusão quanto a conclusão em si mesma, e também prestar atenção às estratégias de autorregulação da compreensão textual.)

c) *Instrução direta*

Bem, tal como vimos em módulos anteriores, é possível que alguns de seus alunos não cheguem a compreender o tipo de estratégia que se está tentando ensinar com uma instrução como a anterior e que, portanto, necessitem do ensino mais explícito das estratégias que necessitam utilizar.

Na continuação vou mostrar um exemplo de instrução direta da estrutura argumentativa. Novamente vou solicitar que se coloquem no lugar de seus alunos.

• Alguém de vocês se lembra no que consiste a estrutura argumentativa?

(Ouve-se as opiniões dos participantes, enfatizando aquelas que vão na direção adequada. Dado que anteriormente vimos a descrição das estruturas, é esperado que as contribuições dos sujeitos se aproximem da seguinte: "A argumentação aparece quando o autor procura nos convencer de uma crença ou opinião, oferecendo para isso um conjunto de razões a favor de sua conclusão. Portanto, um texto argumentativo é aquele que contém argumentos, premissas ou razões e conclusões".)

• Muito bem, parece que estamos de acordo que a estrutura argumentativa pode ser definida como *(neste momento o professor repete em voz alta a definição anterior e escreve no quadro ou mostra em uma tela, dependendo dos meios que se tenha).*

Igual como vimos com os textos de outras estruturas, nos textos argumentativos também costumam aparecer palavras ou expressões sinalizadoras que podem nos facilitar a identificação da estrutura. Algum de vocês recorda quais eram as que costumam aparecer nesse tipo de textos?

(Escutam as opiniões dos participantes, enfatizando aquelas que vão na direção adequada. É esperado que os participantes mencionem as seguintes:

- Indicadores de que o que segue é uma conclusão: portanto, consequentemente, sendo assim, porém, implica, supõe que, o qual mostra que, prova que, indica que, nos permite concluir que, se deduz que, sugere que, leva a crer que, apoia a ideia de que, como conclusão...

- Indicadores de que o que segue é uma premissa ou razão: dado que, desde, por, porque, em razão de que, considerando o fato, assumindo que, pode-se inferir do fato que, é possível deduzir que, como foi mostrado por, como é indicado por, um dado a favor de, as razões pelas quais...

O professor do módulo deverá repetir em voz alta as palavras mencionadas, acrescentando alguma, se necessário, e escrevendo no quadro, abaixo da definição da estrutura do texto. Após, continua como a seguir.)

• Bem, do que vimos até agora, vamos recordar o que temos que considerar:

a) Que a presença de algumas palavras ou expressões podem nos ajudar a identificar sua estrutura.

b) Que esse tipo de texto costuma ter ideia principal, geralmente está explícita no início ou no final do texto.

c) Que a ideia principal desse tipo de texto é a frase que resume a conclusão a que chega o autor e da qual deseja convencer o leitor.

d) Que o objetivo do autor desse tipo de texto não é apenas informar, mas também convencer.

Portanto, quando nos encontramos com esse tipo de texto no qual o autor nos oferece razões a favor de determinado fato ou fenômeno, para a partir delas chegar a uma conclusão, e a ideia principal que o autor pretende comunicar é a conclusão que ele chega, estamos diante de um texto argumentativo. Na continuação, vamos ver o que estudamos até agora em um texto desse tipo. Por favor, leiam o texto a seguir.

(O professor distribui ou projeta o texto "O método científico".)

7.4 O método científico

(1) Frequentemente o conhecimento do senso comum e da intuição é considerado como fonte de conhecimento útil. (2) Sem negar esse valor, há que se admitir, porém, que o método científico é o único que pode proporcionar conhecimento com as maiores garantias de objetividade e validade. (3) Isso acontece porque o método científico se embasa em observação cuidadosa, (4) na formulação de hipóteses que expliquem logicamente os fatos observados, (5) na comprovação experimental dessas hipóteses (6) e na formulação de teorias que ofereçam uma explicação conjunta e ampla de uma série de fatos.

• Bem, lido o texto, vamos analisar o processo a seguir para determinar se ele pode ser incluído no grupo de textos com estrutura argumentativa, sempre considerando as características desse tipo de estrutura de texto.

Característica 1: O primeiro que nos informa a definição é que esse tipo de texto objetiva convencer o leitor de uma crença ou opinião. No texto que lemos, o autor se limita a informar, a descrever ou, ao contrário, procura nos convencer de algo?

(Escutam a opinião dos participantes, enfatizando aquelas que indiquem que neste texto o propósito do autor é convencer o leitor de algo. Se os participantes não perceberem esse objetivo, o professor do módulo deverá encaminhar um debate fazendo perguntas como: Se não tem o objetivo de nos convencer, então está apenas descrevendo...? Podem encontrar no texto o que ele está descrevendo? Como é essa descrição? Que características tem? É esperado que, com esse questionamento, os participantes percebam e cheguem à conclusão de que o autor argumenta e não descreve. Depois continua como segue.)

• Bem, se como vimos o que o autor pretende é convencer, então, do que pretende nos convencer?

(Escutam as opiniões dos participantes, enfatizando as que mencionem que o autor quer nos convencer de que "o método científico é o único que pode proporcionar conhecimento com as maiores garantias de objetividade e validez". Depois, continua como segue.)

• Então, se a frase anterior é sobre o que o autor deseja nos convencer, será que é uma conclusão ou uma razão a favor?

(É esperado que os participantes mencionem que se trata de uma conclusão.) Bem, se é uma conclusão à qual ele chegou depois de haver oferecido um conjunto de razões, onde, situaremos no diagrama?

(Escutam as opiniões dos participantes, enfatizando as que mencionem que poderia se situar tanto na parte superior quanto na inferior do diagrama, mas explicamos que optamos por situar na parte superior porque supõe uma representação mais linear de acordo com o processo de leitura do texto, mas que seria igualmente válido situar essa frase no final da representação, porque se trata de uma conclusão de todo o parágrafo. Neste momento, o professor desenhará no quadro o número 2 e em cima a palavra conclusão. Depois continua como a seguir.)

Bem, já estabelecemos qual é a conclusão que o autor chegou, mas também sabemos que esse tipo de texto não apenas contém as conclusões, mas que o autor também expõe as razões a favor e/ou contra essa conclusão. Nesse texto, qual a razão ou razões que o autor oferece?

(Escutam as opiniões dos participantes, enfatizando as que mencionem que as razões oferecidas pelo autor são:

- O método científico está embasado na observação cuidadosa.

- O método científico está embasado na formulação de hipóteses que expliquem logicamente os fatos observados.

- O método científico comprova experimentalmente as hipóteses.

- A partir do método científico se formulam teorias para explicar os fatos.

Depois se continua como a seguir.)

• Muito bem, efetivamente essas são as razões que o autor nos oferece. Agora vamos ver se são razões a favor ou contra a conclusão? *(Espera-se que os participantes respondam que são a favor.)*

• Bem, então, que número da frase corresponde às razões e onde as situamos? Vocês pensam que uma das razões pode ser mais importante que as outras?

(Escutam as opiniões dos participantes, enfatizando as que mencionem que consideram que as razões têm a mesma importância, portanto, ficarão situadas no mesmo nível, ligadas à conclusão, que situamos no início da representação. Se não tivéssemos feito assim, as razões ficariam acima e saindo delas uma flecha, indicando que todas apoiam a conclusão. Além disso, acrescenta-se a palavra "razões". Feito assim, o professor segue como descrito.)

• Bem, já representamos o que seria um esquema geral de um texto argumentativo, as razões e a conclusão, porém o texto contém mais informação. Vamos ver quais são. Concretamente, o autor parte de uma afirmação de caráter geral para – a partir dela – desenvolver sua argumentação. Pois onde situaremos essa frase?

(Escutam as opiniões dos participantes, enfatizando as que mencionem que essa frase poderia ser colocada no início da representação (para manter a ordem linear do texto). Nesse ponto, o professor do módulo precisa esclarecer que – ainda que a frase 1 apareça no princípio, ela não é a ideia principal, nem o tema do texto; e relembrar que nesse tipo de texto a ideia principal sempre é a conclusão a que o autor chega.)

Na nossa definição de textos argumentativos, afirmamos que o autor costuma propor exemplos concretos relacionados com a ideia que defende. Nesse texto aparece algum exemplo concreto?

> *(Escutam as opiniões dos participantes, enfatizando as que mencionem que nesse caso concreto não há exemplos. O professor do módulo deverá comentar que, ainda que esse critério não tenha sido atendido, não fica invalidado que o texto apresenta uma estrutura argumentativa, posto que aparecem os elementos fundamentais: razões e conclusão. Na continuação incluímos o diagrama que o professor deverá ter construído com os participantes do curso.)*

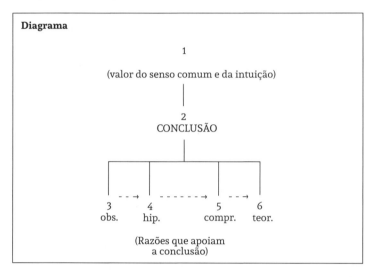

Além das características da argumentação, costumam aparecer com frequência indicadores no texto que podem contribuir para a identificação do tipo de estrutura. No caso desse texto, aparecem esses indicadores?

> *(Escutam as opiniões dos participantes, enfatizando as que mencionem que no texto não aparecem esses indicadores. Depois se continua como descrito a seguir.)*

• Atenção que isso é importante. O conhecimento de que as distintas estruturas de texto costumam apresentar indicadores é uma estratégia útil que nos ajuda a identificar o tipo de estrutura. Porém, como aconteceu nesse texto, nem sempre aparecem esses indicadores, e não será isso que invalida a estrutura; simplesmente pode acontecer com mais frequência nos textos argumentativos.

• No texto que estamos analisando, comprovamos que apenas alguns dos critérios indicados foram atendidos: razões e conclusão, os quais são fundamentais para esse tipo de texto. Portanto, e mesmo que não apareçam exemplos e nem indicadores, podemos determinar que se trata de um texto de estrutura argumentativa porque o autor apresentou razões e chegou a uma conclusão da qual pretende convencer o leitor.

Uma vez que terminamos a representação, temos um modelo de como estão organizadas as ideias do texto. Pois bem, considerando: a definição de ideia principal; que o texto apresenta uma estrutura argumentativa; que nesse tipo de texto a ideia principal é a conclusão a que o autor chega; e a representação hierárquica das ideias que elaboramos, qual é a ideia principal desse texto?

(Escuta as opiniões dos participante,s enfatizando as que mencionem que a ideia principal é a seguinte: "O método científico é o único que pode proporcionar conhecimento com as maiores garantias de objetividade e validez". O professor do módulo continuará como segue.)

• Como podem observar, a ideia principal que propomos contém os elementos que devem incluir a ideia principal dos textos argumentativos: a conclusão apresentada pelo autor.

Bem, já sabemos qual é a ideia principal, mas como é um texto de opinião, também podemos avaliar criticamente o seu conteúdo. O modo de o fazer é determinar se as razões em que se apoia o autor são, por um lado, verdadeiras, e se nos parecem suficientes para chegarmos à mesma conclusão que ele. A avaliação dos argumentos, ou seja, pensar em que medida a conclusão a que chega o autor pode ser extraída das razões propostas, é realizada com base no nosso conhecimento prévio sobre o tema. Nesse caso, vocês acreditam que as razões que o autor apresenta são suficientes para nos convencer de que o método científico é o único objetivo válido?

(Escutam as opiniões dos participantes, solicitando que justifiquem suas ideias, informando as razões que os levam a pensar assim. Nesse ponto não é importante o conteúdo ou a adequação das ideias, mas sim que percebam que esse tipo de texto suscita debates e opiniões divergentes. O professor do módulo deve explicitar isso, enfatizando o fato de que os participantes ofereceram razões a favor e/ou contra para justificar por que estavam ou não de acordo com a conclusão do autor, e que isso nada mais é do que argumentar.)

d) Prática das estratégias

Bem, depois de termos visto o processo para ensinar aos alunos a compreender as ideias principais dos textos argumentativos, e visto que antes praticamos o processo mediado, na continuação vamos praticar a instrução direta das estratégias a serem seguidas para identificar esse tipo de estrutura e para representar os textos incluídos nesse grupo, para o que utilizaremos o texto sobre a criação de uma Europa unida.

7.5 A criação de uma Europa unida

(1) A Europa não pode ser feita de modo instantâneo, nem em uma construção em conjunto. (2) É preciso começar por realizações concretas que criem primeiro uma solidariedade real. (3) Por exemplo, a antiga oposição entre França e Alemanha deve terminar.

(4) Com esse objetivo é possível atuar de imediato sobre um aspecto limitado, porém decisivo: (5) se a produção franco-alemã de carvão e aço for colocada sob uma autoridade comum, (6) serão estabelecidas bases comuns de desenvolvimento econômico; (7) o que seria uma primeira etapa na união das nações europeias.

(8) Apenas se for criada esta solidariedade de produção, esta solidariedade econômica, (9) a guerra entre França e Alemanha não será apenas impensável, como também impossível, (10) e então será possível uma unidade europeia.

(O professor do módulo solicitará que os alunos se dividam em grupos e distribuirá o texto entre eles. Informará que possuem 20 minutos para trabalhar na identificação da estrutura e na representação hierárquica das ideias do texto (podem optar por fazer as duas demandas de modo conjunto ou separadamente). Passado o tempo, cada grupo socializará o resultado de seu trabalho e todos analisarão a adequação ou não. Se surgir algum problema o professor do módulo deverá intermediar a solução. Após, o professor deverá orientar o debate em torno dos seguintes aspectos:

- No modelo que eles elaboraram ficou claro o tipo de estratégias que querem ensinar?

- Explicam a seus alunos porque é mais conveniente utilizar um tipo de estratégia e não outro?

- Fica claro quando eles devem utilizar essas estratégias?

- Explicam como utilizá-las e para que servem?

Além disso, orientar para o fato de que a ideia principal deste texto será a conclusão sobre a unidade europeia que o autor chega, ou seja: A criação de uma Europa unida só será possível se for estabelecida uma solidariedade econômica, à qual se alcança por meio de realizações concretas.

As razões que o autor apresenta para chegar a sua conclusão são:

a) Se não se consegue a solidariedade econômica (ex.: na produção de carvão e aço) não se pode descartar uma nova guerra.

b) Se for superada a oposição franco-alemã, será possível uma primeira etapa na união das nações europeias.

Na continuação, o professor solicita que façam uma representação hierárquica do texto. Como é um texto bastante complicado, pode-se aconselhar que elaborem um mapa conceitual, que poderia ser algo como a seguir:)

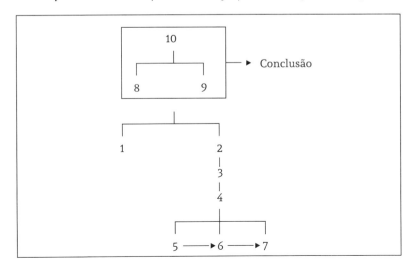

3 Produção de um texto com o propósito de convencer os leitores

Até agora, o que vimos neste módulo foi como identificar a estrutura (ou o propósito comunicativo do autor) em um determinado texto para, a partir dela, representá-lo e identificar sua ideia principal. No entanto, neste momento vamos refletir sobre o processo contrário, ou seja, dado um determinado propósito (neste caso, convencer a respeito de uma opinião ou de uma crença), ou uma determinada estrutura – neste caso, a argumentativa –, vamos produzir um texto.

Pois bem, continuando, vamos refletir sobre o processo que seguimos para compor um texto, para depois ver como podemos ensinar esse processo aos alunos.

Como já vimos em módulos anteriores, para produzir um texto primeiramente temos que ativar nosso conhecimento prévio em relação a dois aspectos: o conteúdo que queremos comunicar e a meta que queremos alcançar. Para isso temos que responder a uma série de perguntas:

a) O que eu sei sobre o tema? O que quero comunicar?

b) A quem vai direcionada minha comunicação?

c) Como quero comunicar?

Responder a essas questões vai determinar o tipo de vocabulário que vamos utilizar, o grau de complexidade das ideias que vamos expressar e a escolha de uma estrutura textual. Hoje, vamos produzir um texto partindo de um tema determinado, nesse caso, o conflito do Golfo Pérsico.

• A primeira pergunta que precisamos responder se refere aos *conhecimentos sobre o tema que vamos escrever.* Portanto, o que devemos fazer é, primeiramente, gerar ideias relacionadas com o tema. Nesse tipo de texto não é suficiente ativar os conhecimentos, também temos que esclarecer qual a nossa opinião sobre o tema e procurar convencer os leitores dela. Sem dúvida, a ativação do conhecimento também está condicionada com o público a que desejamos atingir; assim, aqui vamos considerar que está direcionado para os alunos do 8º ano da educação básica.

(O professor informa o tempo que dispõem para gerar as ideias. Nesse tipo de estrutura, as ideias e opiniões podem ser totalmente diferentes, por isso não propomos exemplos. Depois que tenham realizado a tarefa, solicita-se que os participantes separem as ideias em: informações de caráter geral, razões, conclusões, exemplos etc. e continua como a seguir.)

· Bem, com isso já respondemos duas das perguntas. Agora falta a terceira: *como quero comunicar, ou, o que é o mesmo, que tipo de estrutura de texto escolho para comunicar minhas ideias.* Como nesse caso o que pretendemos é convencer, utilizaremos a argumentação.

Alguém de vocês se lembra quais são os passos necessários para fazê-lo?

(Escutam as opiniões dos participantes, e o professor enfatiza aquelas que sigam na direção adequada. É esperado que os participantes mencionem o seguinte:

- Organizar hierarquicamente as ideias do texto.

- Pensar nas características do tipo de estrutura que se vai utilizar e nos indicadores que se costuma usar.

Se os participantes não mencionarem esses aspectos, o professor do módulo deverá explicitá-los. Depois solicita aos participantes que produzam o texto, estabelecendo um tempo determinado para a atividade. Depois de 15 minutos, divide-se a classe em três ou quatro grupos (dependendo do número de participantes, grupos em torno de quatro pessoas) e se solicita que discutam a adequação dos textos produzidos, com base nos seguintes critérios:

- Estrutura argumentativa.

- Se utilizaram indicadores e se são adequados ao tipo de texto produzido.

- Se o modo como organizaram as ideias facilita a identificação da ideia principal pelo leitor.

Passados 20 minutos, segue-se o mesmo procedimento anterior: debate em pequenos grupos e no grande grupo. Nesse debate se deve enfatizar o "critério de compreensibilidade do texto", ou seja, deve-se tratar que os colegas de classe leiam as produções dos companheiros e procurem identificar a ideia principal do que pretenderam comunicar. Se a ideia principal não coincidir com a que o autor desejava comunicar, o escritor deverá revisar e modificar seu texto até conseguir que os leitores identifiquem a informação que pretendia comunicar. Para realizar isso, tanto os escritores quanto os leitores anotarão as ideias principais dos textos para comparar.

Além de identificar as ideias principais ou conclusão, solicita-se aos leitores que avaliem se as razões oferecidas são suficientes para convencê-los da opinião do autor. Nos casos em que não estiverem de acordo, solicita-se ao leitor que justifique os motivos de não estar de acordo com os argumentos do escritor. Com isso se pretende que os participantes desenvolvam uma situação de elaboração de argumento/contra-argumento, ao mesmo tempo em que se oportuniza que os participantes se conscientizem sobre esse tipo de estrutura.

Com essa atividade se pretende que os participantes se conscientizem também de que o processo de produção não termina quando se escreve o texto, mas sim que deve passar pelo processo de revisão seguindo critérios de coerência e compreensão.

Após o debate sobre esses critérios, cada um descreverá os problemas que teve para elaborar o texto. Se algum dos aspectos não ficar claro, o professor do módulo deverá explicar novamente. Depois se continua como descrito a seguir.)

Para finalizar este módulo vamos recordar os aspectos que precisam estar presentes na instrução da estrutura de texto argumentativa, tanto no que se refere à compreensão como na produção textual.

Slides-síntese

Procedimentos:
a) Para a compreensão do texto

1) Ativar o conhecimento prévio sobre um determinado texto, tanto no que se refere ao conteúdo como à estrutura.

2) Ensinar a identificar a estrutura a partir dos indicadores. Se esses não estão presentes, o tipo de estrutura não está claro, passar para o ponto 3.

3) Ensinar a representar as ideias do texto. Isso também pode ajudar a identificar a estrutura.

4) Ensinar a identificar a ideia principal, tanto a partir da estrutura como a partir de sua representação.

- No caso dos textos do tipo argumentativos, a ideia principal é sempre a conclusão a que o autor chega e da qual pretende convencer o leitor. Portanto, quando nos encontramos com um texto como esse, no qual o autor nos oferece razões a favor de um determinado fato ou fenômeno, para a partir deles chegar a uma conclusão, a ideia principal que o autor pretende comunicar-nos é precisamente a conclusão a que chega.

5) A importância da compreensão desde tipo de texto reside no fato de que a ideia principal sempre tem que incluir o que o autor conclui sobre o fato que nos quer convencer, mas, além disso, o sujeito deve saber que nesses textos ele tem – ao contrário de outros – a possibilidade de formar uma opinião pessoal. É muito importante que os sujeitos diferenciem esses dois aspectos: a ideia principal e sua opinião pessoal. No caso de não coincidirem, o sujeito deve ser capaz de diferenciá-las.

6) Ensinar aos alunos que esse tipo de estrutura sempre costuma ter uma ideia principal que geralmente aparece expressa explicitamente, no início ou no final do texto.

7) O ensino dessas estratégias é importante, mas a forma de ensiná-las também é. Nosso objetivo é que os alunos tomem consciência de seu próprio processo de compreensão, que o supervisionem e o autorregulem. Para isso é necessário que, ao final de cada sessão, fiquem claros os seguintes aspectos:

- Que tipo de estratégia foi utilizada.
- Por que se utilizou essa estratégia e não outra.
- Quando se deve utilizar essa estratégia.
- Como se utiliza a estratégia.

Para que esses aspectos fiquem claros, utilizamos primeiramente uma fase de exemplificação, depois de explicação direta, e na continuação oportunizamos que os sujeitos pratiquem o que aprenderam, orientados pelo professor.

b) Para a produção do texto

1) Ativar o conhecimento relativo ao tema que se vai escrever, tanto em relação ao conteúdo quanto à forma de estruturar as ideias e o público para quem está direcionado.

2) Ensinar a gerar ideias sobre um tema determinado.

3) Ensinar a hierarquizar as ideias que foram geradas.

4) Ensinar a representar essas ideias.

5) Ensinar a produzir o texto com estrutura de classificação ou de comparação-contraste, com a utilização dos indicadores.

6) Ensinar a revisar o texto escrito e a modificá-lo com base nos critérios de coerência e compreensão.

MÓDULO 8
Textos narrativos

1 Objetivos

Os participantes deverão ser capazes de ensinar a seus alunos a:

- Identificar textos com estrutura narrativa.
- Representar hierarquicamente esse tipo de textos.
- Identificar a mensagem central.
- Produzir textos com o propósito de contar aos leitores uma história.

Partindo desse objetivo de caráter geral, os professores devem planejar estratégias para atender aos seguintes objetivos específicos:

- Dado um texto com estrutura narrativa, o leitor deve ser capaz de identificar de que tipo de estrutura se trata, apoiando-se nos indicadores que o texto oferece.
- Uma vez identificado o tipo de estrutura, deve ser capaz de fazer uma representação conceitual das ideias que aparecem no texto.
- O leitor deve ser capaz de identificar a mensagem central de textos narrativos, baseando-se tanto na estrutura como na representação conceitual das ideias do texto.
- O sujeito deve ser capaz de produzir um texto orientado por uma finalidade de comunicação determinada (nesse

caso, narrar uma história). Para isso, deve utilizar os conhecimentos da estrutura e da representação conceitual dos textos.

2 Estrutura narrativa
a) Introdução

Nos capítulos anteriores vimos como identificar a estrutura, como representar as ideias do texto e a ideia principal, e como produzir textos com estrutura expositiva. Continuando, vamos realizar os mesmos passos, mas, nesse caso, para estudar como ensinar aos alunos a estrutura narrativa.

O ensino desse tipo de estrutura, em si mesma, não é tão importante no contexto curricular, como a dos textos expositivos, porque as crianças, geralmente, estão familiarizadas com ela, pois é a que aparece nos contos infantis. Essa é uma das razões pela qual a maioria dos alunos não tem problema para entender uma história e sim para compreender um texto expositivo. No entanto, a razão pela qual nós introduzimos um módulo dedicado aos textos narrativos é porque esta estrutura não aparece apenas nos contos ou narrações, mas também é utilizada nos textos de história e nos jornalísticos. Sendo assim, consideramos que o ensino sistemático dessa estrutura poderá contribuir para a compreensão e a produção desse tipo de textos.

Por outro lado, e ainda que nesses textos não se possa falar propriamente de ideia principal, é possível determinar a *mensagem central*, pelo que, acreditamos que o conhecimento dos elementos que constituem uma estrutura narrativa os ajudará a determiná-la.

Para mostrar como vocês podem ensinar isso, vou adotar o papel de professor, ou seja, o seu papel na sala de aula, para demonstrar um tipo de interação que poderiam manter com seus alunos para ensiná-los a identificar a estrutura narrativa. Com esse objetivo, vou solicitar que vocês adotem o papel de alunos para que possamos ter uma interação similar com a que acontece nas aulas.

DICAS PARA O PROFESSOR

Estrutura 9: narração

a) Definição: a estrutura narrativa aparece quando o autor nos conta uma história na qual descreve um **cenário, um tema, uma ação ou uma trama e um desenlace** ou solução.

b) Indicadores: palavras ou informações relacionadas com:
- O cenário: há muitos anos, na data tal, no lugar tal, era uma vez etc.
- Os protagonistas: normalmente aparecem seus nomes e o que pretendem.
- A ação: descrição do que acontece.
- A resolução: como termina a história.

c) Ideia principal (esquema): (mensagem central): cenário: lugar, tempo e protagonistas da ação; objetivos e metas dos protagonistas, ação e resolução.

---

b) Exemplo

Aqui temos um exemplo do que vamos estudar hoje, um texto com estrutura narrativa. *(Distribui ou apresenta em* slides *o texto "A guerra civil espanhola".)*

Na continuação vamos ler o texto. Coloquei entre parênteses alguns pensamentos que o leitor pode ir tendo enquanto se lê o texto. Por favor, acompanhem a leitura.

8.1 A Guerra Civil Espanhola (texto)

No dia 18 de julho de 1936, o levante militar contra a República havia triunfado no Marrocos e nas Ilhas Canárias. Nos dias 19 e 20 ele se estendeu pela Península e Ilhas Baleares.

Os militares que comandaram a insurreição foram: Sanjurjo, destinado a ser chefe supremo e que morreu em um acidente aéreo; Mola, que atuou de coordenador; e o General Franco, que se encarregaria de comandar a guerra.

O levante contou com o apoio de um grupo numeroso de generais de diferentes tendências políticas, como Varela, Queipo de Llano, Saliquet, Fanjul etc. Também foi apoiado por civis pertencentes a diversas forças políticas, tais como os falangistas, os tradicionalistas, os monarquistas e a Ceda (Confederação Espanhola das Direitas Autônomas), além de grandes setores da população conservadora e dos católicos.

O golpe militar, previsto para triunfar em questão de dias, em toda a Espanha, não conseguiu seus objetivos porque grandes zonas do país permaneceram fiéis ao governo da República. Começou então uma longa e devastadora guerra civil que durou quase três anos e que mergulhou os espanhóis na ruína moral e econômica.

8.2 A Guerra Civil Espanhola (texto mediado pelo professor)

(A Guerra Civil Espanhola... o que eu sei sobre ela?... que se iniciou em 1936, que durou três anos e que lutaram dois lados: um nacional e outro republicano... Bem, vou ler o texto e ver o que me diz...)

No dia 18 de julho de 1936, o levante militar *(levante militar? O que é isso? Creio que o exército se levanta contra o governo... mas vou seguir lendo...)* contra a República havia triunfado no Marrocos e nas Ilhas Canárias. *(Então... Marrocos também era Espanha?)* Nos dias 19 e 20 se estendeu pela Península e Ilhas Baleares. *(Bem, até aqui já sei onde aconteceu o levante militar, em Marrocos e Canárias, e que na continuação se estendeu rapidamente pela Península.)*

Os militares que comandaram a insurreição foram: Sanjurjo, destinado a ser chefe supremo e que morreu em um acidente aéreo; Mola, que atuou de coordenador; e o General Franco, que se encarregaria de comandar a guerra. *(Bem, com a informação desse parágrafo, não apenas sei onde foi o golpe de Estado, como também sei quem o comandou...)*

O levante contou com o apoio de um grupo numeroso de generais de diferentes tendências políticas, como Varela, Queipo de Llano, Saliquet, Fanjul etc. Também foi apoiado por civis pertencentes a diversas forças políticas, tais como os falangistas, os tradicionalistas, os monarquistas e a Ceda (Confederação Espanhola das Direitas Autônomas), além de grandes setores dos conservadores e dos católicos. *(Quem eram os falangistas, tradicionalistas e Ceda? Esses partidos políticos já não existem... De todo modo, se apoiavam Franco, deviam ser partidos de direita... Sim, creio que sim, porque se continuo lendo me dizem que os setores da população que apoiaram a insurreição foram os conservadores e os católicos... então esses partidos políticos também eram conservadores e católicos.)*

O golpe militar, previsto para triunfar em questão de dias, em toda a Espanha, não conseguiu seus objetivos porque grandes zonas do país permaneceram fiéis ao governo da República. Começou então uma longa e devastadora guerra civil que durou quase três anos e que mergulhou os espanhóis na ruína moral e econômica. (Bem, que me diz esse parágrafo? Que o golpe militar não conseguiu seus propósitos imediatamente e como consequência foi desencadeada uma guerra civil espanhola... Então... Qual a mensagem central que o autor deseja me comunicar? Pois que... "em 18 de julho de 1936, três generais – Sanjurjo, Mola e Franco – deram um golpe de Estado contra o governo da República, que foi apoiado por numerosos generais do exército e por setores conservadores e católicos da população, mas que teve a oposição de grandes zonas do país. Como consequência do golpe de Estado, foi desencadeada a guerra civil espanhola que durou três anos e teve péssimas consequências morais e econômicas".

Bem, eu acredito que essa é a mensagem central porque inclui informação sobre onde aconteceu o fato, quem protagonizou, o que aconteceu, e quais foram as suas consequências, ou, o que é o mesmo, a informação central inclui o cenário, o tema, a trama e a resolução.)

(Depois desse processo, o professor do módulo dirigirá um debate orientado pelos seguintes questionamentos:

> *- O que estava fazendo enquanto lia o texto? Que estratégia utilizei?*

> *- Que tipo de perguntas me fiz?*

> *- Que problemas tive para compreender a ideia principal do texto?*

> *- Por que utilizei uma estratégia e não outra?*

> *- Quando pode ser mais útil o emprego dessa estratégia?*

> *- Pensam que era necessário a utilização dessa estratégia?*

> *- Que outras estratégias utilizei?*

A expectativa é que nesse debate os participantes mencionem algo similar ao seguinte:

- Li o título e pensei sobre ele, ou seja, tentei ativar meu conhecimento prévio sobre o tema.

- Depois procurei em qual cenário a ação se desenvolve.

- Realizei inferências (hipóteses) sobre o conteúdo do texto que fui confirmando ou não.

- Questionei-me sobre o significado de palavras ou expressões que apareciam no texto e cujo significado desconhecia e tentei inferir o significado do contexto.

- Procurei descobrir quem eram os protagonistas da ação, o que aconteceu e quais foram as consequências.

- Tentei determinar qual era a mensagem central que o autor deseja me comunicar. Como se trata de um texto narrativo, esse deve incluir os seguintes elementos: cenário, tema, ação, protagonistas e consequências da ação.

Se, depois do debate, os participantes não mencionarem esses aspectos descritos, o professor do módulo deverá voltar a ler o texto e a expressar seus pensamentos em voz alta, mas dessa vez explicitando o tipo de estratégia que está utilizando. Por exemplo, no momento que ler o título, explicita que está ativando o conhecimento prévio sobre o tema. Neste momento seria conveniente destacar que, além de ter utilizado estratégias específicas de compreensão da estrutura dos textos, também realizou outras relacionadas a todos os processos de leitura, em geral, como identificação de falhas de compreensão ou a supervisão do próprio processo de compreensão.)

• Tal como vimos com os outros tipos de textos, o que se pretende com uma instrução desse tipo é ensinar o processo de compreensão da informação central dos textos narrativos. Com isso, assim como aconteceu nos outros módulos, pretendemos contribuir para que os alunos se conscientizem do processo que vivenciam na compreensão textual.

Em módulos anteriores vimos que também é possível ensinar aos alunos a representar hierarquicamente as ideias do texto, visto que isso contribui para a compreensão. Pois bem, na continuação vamos ver um exemplo de como poderíamos fazer isso com o texto que acabamos de ler.

8.3 A Guerra Civil Espanhola (representação do texto)
(Vamos ver... pediram-me que faça uma representação hierárquica das ideias do texto...bem,... sobre o que é o texto? O texto fala sobre um levante militar que teve como consequência a Guerra Civil Espanhola, pois... isso o represento acima de tudo... E o que me diz sobre o levante? Informa-me onde foi produzido, em Marrocos; quem protagonizou: Sanjurjo, Mola e Franco; o que pretendiam: derrubar o governo da República; o que aconteceu: o golpe não foi bem-sucedido porque zonas do país permaneceram fiéis à República; e quais foram as consequências: desencadeou a Guerra Civil Espanhola. Bem... pois como tudo isso forma a mensagem central dos textos narrativos, represento tudo ao mesmo nível, assim.)

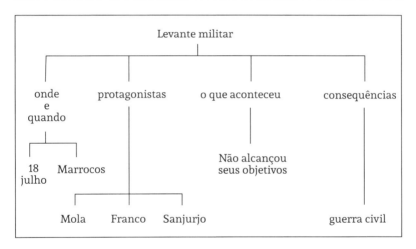

(Na continuação, o professor do módulo deverá dirigir o debate com base nos seguintes questionamentos:

- O que eu fiz enquanto lia o texto? Que estratégia utilizei?
- Que tipo de perguntas me fiz?
- Que problemas tive para compreender a ideia principal do texto?
- Por que utilizei uma estratégia e não outra?
- Quando pode ser mais útil o uso dessa estratégia?
- Pensam que era necessária a utilização dessa estratégia?
- Que outras estratégias utilizei?)

• Bem, como já mencionei antes, é possível que a maioria dos alunos não apresente problemas para compreender os textos narrativos por estarem familiarizados com eles. Porém, a instrução direta com esse tipo de texto pode ser contribuir para a leitura e a compreensão de textos históricos. O que vocês pensam? Pensam que seria útil uma instrução desse tipo com textos de estrutura narrativa?[3]

> (Escutamos e comentamos as opiniões dos participantes. O objetivo deste momento é que eles, baseando-se em sua experiência, discutam sobre a utilidade ou não desse tipo de instrução, com esse tipo de texto. Se o grupo chegar à conclusão de que não é útil, no resto da sessão (e enfatizando o fato de que tentem para que conheçam como se faz), o professor solicita que pensem como poderiam ensinar, seguindo os passos de sessões anteriores (mas são os próprios professores que devem fazê-lo). Se, ao contrário, avaliarem que é necessário esse tipo de instrução, então o professor do módulo continuará ensinando da seguinte maneira.)

c) Instrução direta

Bem, tal como vimos em módulos anteriores, é possível que alguns de seus alunos não cheguem a compreender o tipo de estratégia que estamos tentando ensinar com uma instrução como a anterior e que, portanto, necessitem do ensino mais explícito das estratégias que necessitam utilizar.

Na continuação vou mostrar um exemplo de instrução direta da estrutura narrativa. Novamente vou solicitar que se coloquem no lugar de seus alunos.

• Alguém de vocês se lembra no que consiste a estrutura narrativa?

> (Ouve-se as opiniões dos participantes, enfatizando aquelas que vão na direção adequada. Dado que anteriormente vimos a descrição das estruturas, é esperado que as contribuições dos sujeitos se aproximem da seguinte: "A

---

3. Neste momento, de acordo com o esquema do programa, os professores deveriam praticar a identificação da mensagem central e da representação do texto. Porém, como a estrutura narrativa é bastante conhecida, optamos por substituir por um debate sobre a conveniência ou não de realizá-la.

estrutura narrativa aparece quando o autor nos conta uma história em que descreve um cenário, um tema, uma ação ou trama, protagonistas e um desenlace ou resolução.)

• Muito bem, parece que estamos de acordo que a estrutura narrativa pode ser definida como *(neste momento o professor repete em voz alta a definição anterior e escreve no quadro ou mostra em uma tela, dependendo dos meios que se tenha).*

Igual ao que vimos com os textos de outras estruturas, nos textos narrativos também costumam aparecer palavras ou expressões sinalizadoras que oferecem pistas e podem facilitar a identificação da estrutura. Algum de vocês recorda quais eram as que costumam aparecer nesse tipo de texto?

(Escutam as opiniões dos participantes, enfatizando aquelas que vão na direção adequada. É esperado que os participantes mencionem as seguintes:

- Cenário: há muitos anos, na data..., no lugar..., era uma vez...

- Os protagonistas: normalmente aparecem seus nomes e o que pretendem.

- A ação: descrição do que acontece.

- A resolução: como acaba a história.

O professor do módulo deverá repetir em voz alta as palavras mencionadas, acrescentando alguma, se necessário, e escrevendo no quadro, abaixo da definição da estrutura do texto. Após se continua como a seguir.)

• Prosseguindo, vamos ver tudo que estudamos até agora com um texto desse tipo. Por favor, leiam o seguinte texto:

8.4 A aviação sul-alfricana bombardeia uma importante base da Swapo

Quinta-feira, dia 29 de dezembro, a aviação sul-africana efetuou uma nova incursão contra uma importante base da Swapo (Organização do Povo do Sudoeste Africano) situada perto da cidade de Lubango, no sudoeste de Angola, a uns duzentos e cinquenta quilômetros da fronteira com a Namíbia. Assim anunciou em Pretória o General Viljoen, chefe das forças militares sul-africanas. Informando que o objetivo dos bombardeios havia sido alcançado e que da operação haviam participado quatro aparelhos, o general estimou que na base podiam estar entre duzentas quinhentas pessoas bem entrincheiradas. Os aviões sul-africanos também atacaram baterias de mísseis da Swapo, antes de regressar intactos.

· Lido esse texto, vamos analisar o processo a seguir para determinar se ele pode ser incluído no grupo dos textos com estrutura narrativa, sempre considerando as características desse tipo de estrutura textual.

Como já vimos, a estrutura narrativa aparece quando o autor nos conta uma história em que aparecem o cenário, alguns protagonistas, uma ação e o desenlace. Vamos reler o texto e determinar se é expositivo ou narrativo. Neste texto, o autor está contando uma história?

(Escutam a opinião dos participantes, enfatizando as que indiquem que neste texto o objetivo do autor é narrar um fato. Depois, continua como a seguir.)

· Que título poderíamos dar para esta história? Onde situaríamos o título no diagrama?

(Escutam a opinião dos participantes, enfatizando as que indiquem que o título poderia ser algo parecido com "a aviação sul-africana bombardeia uma importante base da Swapo" e ficaria no início do diagrama. Neste momento, o professor do módulo deve relembrar aos assistentes que nos textos narrativos não há ideias principais e, portanto, não vamos seguir o esquema de representação hierárquica dos textos expositivos. Porém, vamos elaborar um mapa conceitual em que fiquem incluídos os elementos centrais dessa estrutura, porque isso pode facilitar a compreensão do texto. Continua como a seguir.)

· Já pensamos sobre o título do texto, o qual se aproxima do tema geral do primeiro parágrafo. Portanto, já sabemos, em linhas gerais, sobre o que o texto fala; porém, isso não é suficiente para compreender a mensagem central, o autor relata outras coisas sobre o bombardeio que ele considerou importante. Pois bem, continuando, vamos procurar no texto essa informação importante e, para isso, determinar os elementos fundamentais da estrutura narrativa. Comecemos com o cenário. Onde e quando aconteceu o bombardeio da aviação sul-africana sobre a Swapo? Quem são os protagonistas?

(Escutam a opinião dos participantes, enfatizando as que indiquem que aconteceu no dia 29 de dezembro no sudoeste de Angola e a protagonista

*foi a aviação sul-africana. Os participantes podem mencionar mais deta-
lhes sobre isso, mas esses são os elementos fundamentais. Continua como
a seguir.)*

Bem, já determinamos qual foi o cenário da ação. Representamos ligado ao título do texto. Na continuação, vamos procurar outro elemento importante da estrutura narrativa: o tema. Recordemos que, quando estudamos as estruturas expositivas e também as narrativas, falamos sobre o tema geral do parágrafo ou do texto, como sendo a resposta à pergunta "do que o texto fala?" Quando do tema, na estrutura narrativa, não nos referimos a isso, mas sim como um elemento a mais dentro da estrutura, para determinar os objetivos dos protagonistas e a mensagem do autor.

É muito importante que tenhamos isso presente e, para evitar confusões, na estrutura narrativa falaremos do *tema geral* do texto para nos referirmos ao que o texto fala, em linhas gerais, e *tema* para nos referirmos ao elemento da estrutura narrativa tal e qual como já o definimos.

Pois bem, vamos ver que tipo de informação do texto podemos incluir dentro do tema. Nesse ponto, não se trata apenas de estabelecer quem participa da ação, mas também quais são os objetivos ou metas que a impulsionam; portanto, é preciso também responder à pergunta: *O que impulsiona o protagonista a realizar a ação?* Além disso, no que se refere ao tema, precisamos definir *qual a mensagem que o autor deseja nos transmitir.* Esses dois elementos que constituem o tema do texto.

• Bem, como vimos, o que o autor pretende é contar sobre o bombardeio da aviação sul-africana sobre a Swapo. Esta é uma das partes do tema do texto. Porém, no tema é preciso assinalar também os motivos ou metas do protagonista para realizar a ação. Quais são?

(Escutam a opinião dos participantes, enfatizando as que indiquem que o que impulsiona a aviação sul-africana a bombardear a base da Swapo é destruí-la e ao armamento que possui (presume-se que a Swapo seja uma organização armada que combate o governo de Pretória a partir de Angola). Esse ponto é importante, porque no texto não está explícito os motivos que a aviação sul-africana tem para bombardear o território angolano. Assim sendo, a resposta a essa pergunta demanda que o leitor tenha inferido, com base no seu conhecimento prévio, esses motivos. O professor deverá ativar esse conhecimento quando da leitura inicial do texto.)

• Muito bem, já definimos o cenário e o tema (os motivos ou metas dos protagonistas e a mensagem principal do autor). Onde situaremos essas informações no diagrama?

(Escutam a opinião dos participantes, enfatizando as que indiquem que, considerando que nos textos narrativos não há ideias mais importantes do que outras, deveriam colocar no mesmo nível que o cenário, embaixo do tema geral do texto. O professor do módulo faz isso e continua como segue.)

• Na continuação, vamos procurar no texto "qual é a ação". Isso implica localizar os seguintes elementos: acontecimento desencadeador, resposta interna, o que acontece, as consequências da ação e a reação. Porém, é comum acontecer de não ser possível de encontrar todos esses elementos nos textos. Costuma aparecer a ação e suas consequências, os outros elementos ou estão implícitos ou não aparecem e nem podem ser inferidos. No entanto, é conveniente saber identificar para compreender melhor o texto.

(Neste momento, o professor fará as seguintes perguntas, com o objetivo de completar um quadro que escreverá no quadro de giz.

- Qual a ação que o autor narra?

- Qual é o acontecimento desencadeante?

- Qual é a resposta interna do protagonista?

- Que consequências a ação têm?

- Qual a reação do protagonista?

Do diálogo com os participantes deve ser possível completar o quadro que aparece a seguir. O professor irá enfatizando todas as respostas que se encaminhem para a direção adequada.

Ação	A aviação sul-africana bombardeou uma base importante da Swapo, onde se encontravam entre 200 e 500 pessoas, e atacaram baterias de mísseis também.
Acontecimento desencadeante	*No texto não aparece de forma explícita qual foi o acontecimento desencadeante, nem dispomos de informação suficiente para inferir qual foi. Portanto, esse questionamento fica sem resposta.*
Resposta interna do protagonista	*Satisfação do chefe das forças aéreas sul-africanas.*
Consequências da ação	*Não estão explícitas, mas podem ser deduzidas: enfraquecimento da Swapo pelos danos ocasionados a uma de suas bases importantes.*
Reação do protagonista	*Nesse caso, a reação e a resposta interna poderiam ser equivalentes (satisfação do chefe das forças aéreas sul-africanas).*

Além disso, é preciso considerar que esses elementos formam um episódio. Nos textos narrativos pode aparecer mais de um episódio que deve incluir os elementos que acabamos de analisar.)

• Uma vez que obtivemos essas informações, representamos no diagrama, no mesmo nível que as outras.

Finalmente, restou procurar no texto a informação que corresponde à "resolução da história". Qual vocês acham que poderia ser esta informação?

(Escutam a opinião dos participantes, enfatizando as que indiquem que a operação foi um êxito e que os aviões sul-africanos resultaram ilesos. Faz-se a representação e continua como a seguir.)

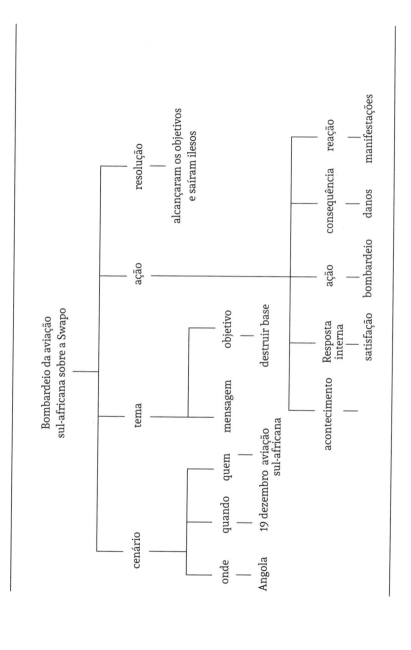

• No texto que estamos analisando, comprovamos que aparecem os elementos importantes da estrutura narrativa. Porém, às vezes as histórias são mais complicadas e incluem mais elementos: além do cenário principal, aparecem cenários secundários, cada cenário dá lugar a um ou mais episódios, conectados sequencialmente (pela partícula "e") ou causalmente (através de indicadores relativos a causas). Mesmo assim, os elementos que analisamos são os fundamentais nesse tipo de estrutura.

Como finalizamos a representação, temos um modelo de como as ideias estão organizadas no texto. Pois bem, considerando que o texto apresenta uma estrutura narrativa e que nesse tipo de texto a mensagem central é a conjunção do cenário, do tema, da ação e da resolução, qual é a mensagem central desse texto?

(Escutam a opinião dos participantes, enfatizando as que indiquem que a ideia central é: "em 19 de dezembro a aviação sul-africana bombardeou uma base importante da Swapo, no sudoeste de Angola, causando graves perdas humanas e materiais. O chefe da aviação sul-africana manifestou sua satisfação porque alcançaram seus objetivos sem sofrer nenhuma perda". Depois, continua como a seguir.)

• Como podem observar, a frase que resume o texto contém os elementos que deve incluir a mensagem central dos textos narrativos: cenário: lugar, tempo e protagonistas da ação; objetivos e metas dos protagonistas, ação e resolução.

d) Prática das estratégias

Depois de termos visto o processo necessário para ensinar aos alunos a compreender a mensagem central dos textos narrativos, e considerando que antes praticamos o processo orientado, na continuação vamos praticar a instrução direta das estratégias a seguir para identificar esse tipo de estrutura e para representar os textos incluídos nesse grupo.

8.5 Lenda asteca

O grande imperador dos astecas era onipotente: todas as tribos do Vale do México e dos territórios vizinhos lhe pagavam tributos, mas nem todos os povos submissos eram felizes. Estavam cansados de entregar homens e riquezas a seus opressores.

O Cacique Tlaxacala decidiu um dia que havia chegado o momento de libertar o seu povo da dominação asteca e começou uma guerra terrível entre astecas e tlaxacaltecas.

A Princesa Ixtaccíhuatl, de beleza juvenil, era filha do cacique de Tlaxacala. Popocatéptl, um dos principais guerreiros de seu povo, amava a princesa em segredo.

Antes de sair para a guerra, Popocatéptl pediu ao pai de Ixtaccíhuatl sua mão em casamento, e o cacique a prometeu.

Popocatéptl venceu todos os combates, e, quando regressou triunfalmente a Tlaxacala, o cacique foi a seu encontro e disse que morte havia levado Ixtaccíhuatl.

Popocatéptl, desesperado, pegou nos braços a Ixtaccíhuatl e começou a subir montanhas e montanhas, carregando o corpo da amada.

Ao chegar ao céu, a colocou no topo e se ajoelhou ao lado dela. A neve cobriu seus corpos, formando os gigantescos vulcões que dominam o Vale do México.

(Os participantes são convidados a se organizarem em grupos, e recebem o texto "Lenda asteca". O professor do módulo deverá ir intermediando e contribuindo para solucionar possíveis problemas. Depois de passado o tempo estipulado para realizar a tarefa, os participantes socializarão suas produções e o professor deverá dirigir o diálogo em torno dos seguintes aspectos:

a) Se no modelo que eles elaboraram está claro o tipo de estratégias que querem ensinar.

b) Se esse modelo explica por que é mais conveniente utilizar um tipo de estratégia e não outras.

c) Se ele explica como utilizá-la e para que serve.

O professor precisa informar que os seguintes aspectos precisam ser atendidos:

- Cenário: Vale do México, no tempo dos astecas.

- Protagonistas: o Cacique Tlaxacala, Popocatéptl e Ixtaccíhuatl.

- Trama: resposta interna: o cacique da tribo queria libertar seu povo da dominação asteca.

- Ação: o cacique prometeu a mão de sua filha a Popocatéptl se ele vencesse o combate.

- Reação: Popocatéptl voltou vitorioso para buscar sua prometida, mas ela já estava morta.

- Consequência: Popocatéptl pegou o corpo de sua amada e subiu com ele ao topo da montanha.

- Resolução: os gigantescos vulcões do Vale do México foram formados com os corpos dos dois.)

3 Produção de um texto com o objetivo de narrar uma história

Quando solicitamos aos alunos que narrem uma história, não estamos apenas interessados no conteúdo, mas também que ele esteja organizado de uma forma coerente para que o leitor possa compreender.

Como já comentamos, a estrutura do texto está relacionada com o objetivo do escritor, de tal modo que se aquilo que o escritor deseja é expor conhecimento sobre um determinado tema, pode escolher entre diferentes estruturas retóricas (generalização, descrição, enumeração, comparação etc.). Porém, há ocasiões nas quais o escritor não deseja expor conhecimento, mas simplesmente narrar acontecimentos ou histórias. Nesse caso, deverá utilizar, na sua produção textual, elementos da estrutura narrativa.

Portanto, nosso objetivo neste momento é que os sujeitos se conscientizem de que, quando o objetivo é contar uma história, dispõem de uma estrutura de texto, a narrativa, que pode lhes ajudar a organizar suas ideias de modo coerente e facilitar a compreensão do texto. Nesse caso concreto, vamos ver como podemos ensinar os alunos a realizar uma produção textual quando seu objetivo é contar uma história ou narrar certos acontecimentos.

Até agora, o que vimos neste módulo foi como identificar a estrutura (ou o propósito comunicativo do autor) em um determinado texto para, a partir disso, representá-lo e determinar qual a mensagem central que o autor deseja transmitir. Neste momento, no entanto, vamos refletir sobre o processo inverso, ou seja, dado um determinado objetivo (nesse caso, narrar um acontecimento ou contar uma história), vamos produzir um texto.

Como já vimos em outros módulos, para produzir um texto, primeiro devemos ativar nosso conhecimento prévio em relação a dois aspectos: o conteúdo que queremos comunicar e a meta que queremos atingir. Para realizar isso temos que responder uma série de perguntas:

- O que eu sei sobre o tema que quero escrever?

- O que quero comunicar?

- A quem está direcionado meu texto?

- Como quero comunicar?

As respostas a estas perguntas vão determinar o uso de um tipo de vocabulário ou outro, um grau maior ou menor de complexidade das ideias e, é claro, o tipo de estrutura que vamos escolher.

Hoje vamos tentar responder às perguntas anteriores partindo de uma ilustração.

(Neste momento se mostra o desenho "Que dia!" A intenção é que os participantes elaborem um texto seguindo a estrutura básica da narração, tendo por base as ilustrações.)

• A primeira pergunta que precisamos responder se refere ao conteúdo que queremos comunicar. Portanto, o que temos que fazer para isso é produzir ideias relacionadas com cada um dos desenhos. No entanto, o processo de ativação dos conhecimentos precisa estar articulado com o público que queremos atingir com nosso texto (aqui consideraremos que será para alunos do 9º ano da educação básica).

"Que dia!"

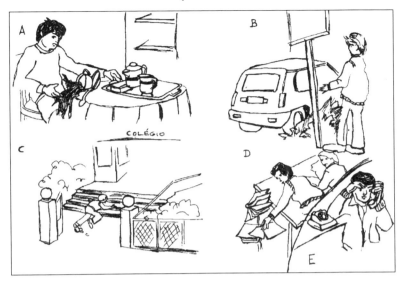

(Nesse caso específico em que foi solicitado que os participantes narrem uma história, não há necessidade de solicitar que listem ideias, pois não há conteúdos definidos que necessitem aparecer na história. Em vez da fase prévia de geração de ideias, como foi trabalhado nos módulos anteriores, solicitamos que escrevam as histórias diretamente, pontuando que nela precisam aparecer elementos da estrutura narrativa e esclarecendo que transmitir ideias através de uma história está relacionado com o que foi utilizado nas outras sessões como "o que quero comunicar".

Antes que os participantes comecem a escrever, é conveniente que o professor do módulo relembre alguns aspectos sobre o processo de produção textual, como segue.)

- Alguém de vocês recorda os passos que devem dar para escrever uma história?

(Escutam a opinião dos participantes, enfatizando as que forem na direção adequada. Espera-se que os participantes mencionem o seguinte:

- *Organizar as ideias do texto.*
- *Pensar nas características da narração e nos elementos que essa precisa incluir.*

Se os participantes não mencionarem esses aspectos o professor do módulo deverá explicitá-los. Depois, solicita que os participantes produzam o texto, oferecendo 15 minutos para isso. A seguir, divide a classe em três ou quatro grupos (dependendo do número de participantes) e solicita que analisem a adequação dos textos produzidos em relação aos seguintes aspectos:

- Estrutura narrativa.

- Se utilizaram indicadores, esses são adequados para essa estrutura textual?

Passados vinte minutos, encaminha para o debate entre todos os participantes. Nele dará especial ênfase ao "critério de compreensibilidade do texto", ou seja, o objetivo é que os companheiros da classe leiam as produções dos outros e tentem determinar qual a mensagem central que pretenderam comunicar. Se a mensagem identificada não for a que o autor desejava comunicar, o escritor deverá revisar e modificar sua produção até conseguir que os leitores compreendam a mensagem que queria transmitir. Para realizar isso, tanto os escritores quanto os leitores anotarão a mensagem central dos textos para depois compararem.

Essa atividade tem o objetivo de que os participantes se conscientizem de que o processo de produção textual não finaliza quando se termina de escrever o texto e sim depois de um processo de revisão que precisa seguir os critérios de coerência e de compreensibilidade. Depois que tenham discutido no grupo esses critérios, cada grupo apresentará os problemas que tiveram. Se algum dos aspectos não ficar claro, o professor do módulo deverá explicar de novo. Depois continua como a seguir.)

Para finalizar este módulo, vamos recordar os aspectos que precisam estar presentes na instrução da estrutura de texto narrativo tanto em nível de compreensão como de comunicação.

(Neste momento o professor apresenta os slides a seguir, lendo em voz alta.)

Slides-síntese

Procedimentos:

a) Para a compreensão do texto

1) Ativar o conhecimento prévio sobre um determinado texto, tanto no que se refere ao conteúdo como à estrutura.

2) Ensinar a identificar a estrutura a partir dos indicadores. Se esses não estão presentes, o tipo de estrutura não está claro, passar para o ponto 3.

3) Ensinar a representar as ideias do texto. Isso também pode ajudar a identificar a estrutura.

4) Ensinar a identificar a ideia principal, tanto a partir da estrutura como a partir de sua representação. No caso dos textos narrativos, é preciso considerar que esse tipo de texto não tem uma ideia principal, mas sim uma informação central composta geralmente do cenário, dos protagonistas, da ação e da resolução.

b) Para a produção do texto

1) Ativar o conhecimento relativo ao tema que se vai escrever, tanto em relação ao conteúdo quanto à forma de estruturar as ideias e o público para quem está direcionado.

2) Ensinar a gerar ideias sobre um tema determinado.

3) Ensinar a hierarquizar as ideias que foram geradas.

4) Ensinar a representar essas ideias.

5) Ensinar a produzir o texto seguindo o esquema básico de narração.

6) Ensinar a revisar o escrito e a modificá-lo com base nos critérios de coerência e compreensão.

MÓDULO 9
Avaliação da compreensão leitora

1 Objetivos

a) Os participantes deverão ser capazes de avaliar a capacidade dos alunos para identificar as ideias principais.

b) Os participantes deverão ser capazes de avaliar os conhecimentos e estratégias implicados no processo de identificação das ideias principais.

O alcance desses objetivos implica:

- Conhecer os diferentes modos que os alunos podem expressar o conhecimento da ideia principal, das estratégias para identificá-las e da estrutura do texto, assim como seus limites e possibilidades.

- Conhecer critérios para gerar questões de provas de múltipla escolha destinadas a avaliar se o aluno é capaz de identificar a ideia principal, a representação e o conhecimento das estratégias de identificação da ideia principal.

- No caso de avaliar, através de perguntas abertas, se o aluno é capaz ou não de identificar a ideia principal, conhecer que tipo de perguntas fazer para determinar se há fatores que induzem ou podem induzir sistematicamente ao erro.

- No caso de solicitar aos alunos, por meio de perguntas abertas que representem através de um diagrama a estrutura das relações entre as ideias expressas no texto, conhecer que critérios podem ser utilizados para avaliar qualitativa e quantitativamente essas respostas.

2 Introdução

Nos módulos anteriores vimos como ensinar aos alunos a identificar as diferentes estruturas textuais e as ideias principais dentro delas. O processo de ensino, na sua fase de prática supervisionada, pressupõe uma avaliação do conhecimento e das estratégias que os alunos utilizam. Essa avaliação precisa fornecer informações que contribuam para a elaboração de estratégias didáticas com o objetivo de oportunizar meios para que os alunos superem as dificuldades. É necessário que o professor conheça procedimentos de avaliação que oportunizem perceber quando os alunos avançam e desenvolvem sua capacidade de priorização das ideias contidas no texto, assim como deve saber que há fatores que podem atrapalhar esse desenvolvimento. Por isso, neste módulo vamos examinar diferentes procedimentos, suas possibilidades e seus limites.

Antes, é necessário assinalar que avaliar a capacidade de compreender a importância que as diferentes ideias podem desempenhar em um texto é um aspecto que precisa ser situado no contexto do processo de avaliação da compreensão leitora e dos diferentes fatores que a determinam. E, ainda que isso possa parecer simples, pensamos que implica uma certa complexidade.

De um lado, aspectos que dependem de outras variáveis psicológicas, como a memória, são considerados indicadores de grau de compreensão. Quando solicitamos ao aluno que relate o que recorda sobre a leitura que fez, ou que ele responda perguntas sobre o texto (na ausência dele).

A capacidade de solução de problemas é outro aspecto que pode ser confundido com compreensão textual, quando, por exemplo, se questiona o sujeito, com o texto em mãos, algo passível de ser respondido baseando-se em pistas fornecidas no próprio texto, como o uso das mesmas palavras do texto na pergunta elaborada.

Assim sendo, é necessário determinar o que podemos considerar como indicador válido de compreensão. E fazer isto considerando que as informações que podemos obter sobre o grau de compreensão de um texto são indicadores parciais, já que a compreensão é algo que se produz em diferentes níveis. Vamos, então, ver passo a passo o que implica avaliar a compreensão de um texto, detendo-nos especialmente na compreensão das ideias principais e nas variáveis que a determinam.

3 Critérios de compreensão

O que precisamos fazer antes de avaliar se um sujeito compreende ou não um texto é determinar o que pode ser um critério válido de compreensão. Para isso, o professor precisa estabelecer, depois de ter lido o texto, que representações e/ou interpretações são aceitáveis nos diferentes níveis em que a compreensão pode acontecer ou falhar.

Vamos ver como é possível proceder. Leia, por favor, o seguinte texto:

9.1

Amanhecia. Caminhava devagar pelo bosque enquanto observava as flores junto ao caminho, acariciadas pelo beijo cálido do sol, que fazia com que elas abrissem suas portas aos primeiros insetos que iam tomar o café da manhã. Flores vermelhas e azuis. De repente, chamou-me a atenção uma coisa. Vi umas flores brancas que, em vez de se abrirem, pareciam se fechar. Detive-me a observá-las. De fato, passado um momento, elas se fecharam. Dona Abelha não poderia tomar seu pólen nelas. Por que isso acontece, pensei? Por que têm flores que se abrem de dia e outras que se fecham ao amanhecer? Continuei andando e voltei a me deter quando vi, à contraluz, uma abelha que sorvia da flor vermelha de um arbusto. Aproximei-me com cuidado.

Era bonito contemplá-la em meio a um silêncio quebrado apenas pelo canto dos pássaros saudando o dia. Tão absorta estava em seu trabalho que não parecia perceber minha presença. Então, pude ver algo curioso. Suas patas pareciam cheias de pó... do pólen da flor. Havia escutado que as abelhas carregavam pólen em suas patas, mas nunca havia visto. Em seguida, saiu voando e foi posar em outra flor, vizinha da primeira. Ao fazê-lo, deixou cair parte do pólen! Que descuidada, pensei. E continuei caminhando, enquanto pensava nas flores que se fecham de dia e nas abelhas que perdem seu pólen quando vão, como ladras furtivas, de flor em flor, deixando pistas que delatam sua visita. E então eu entendi tudo! Lembrei de ter ouvido na escola que a forma e a cor das flores e os odores que exalam quando se abrem atraíam a insetos diferentes, que se encarregavam de levar o pólen de uma para a outra e que possibilitavam a sua fecundação. Não eram, pois, ladras furtivas, mas mensageiras da vida, que se guiam pela forma, pela cor e pelo odor das flores que lhes abrem as portas.

• Com base na hipótese que este texto seja lido por um aluno do 9º ano da educação básica, o que seria necessário considerar para que ele compreendesse este texto?

(Escutam a opinião dos participantes. É provável que sejam de tipos diferentes, já que uns podem se fixar no vocabulário, outros em aspectos parciais do texto e outros no conjunto dos aspectos que supõem a compreensão. De qualquer modo, o professor do módulo organiza as ideias sugeridas, como a seguir.)

Evidentemente podemos considerar diferentes critérios de compreensão, critérios que podemos descrever em função do tipo de representação que promovem.

Um primeiro critério é *o conhecimento do significado do vocabulário* no contexto em que aparece. Termos como *sorver, absorta* ou *furtivas* podem ser fontes de dificuldades para alguns alunos.

O segundo critério é relativo à *representação das diferentes proposições do texto*, nas quais aquelas que têm significado metafórico: "beijo cálido do sol", "abrir as portas" (as flores), "mensageiras da vida", ou outras que são pouco familiares "ver à contraluz", podem ser especialmente problemáticas.

O terceiro critério se refere à *representação do significado central do texto*, o que de mais importante ele diz sobre o tema que trata. Neste caso, o principal é que existe uma relação entre a forma das flores, o momento de sua abertura, sua cor e odor e o fato de serem visitadas por determinados insetos que contribuem para sua polinização.

Um quarto critério é fornecido pelas inferências que o leitor realiza e que supõem uma *compreensão das conotações emocionais* que os adjetivos, imagens e metáforas do texto evocam e que não são necessariamente as mesmas para todos os leitores. Neste caso, por exemplo, um aluno poderia pensar: "Gostaria de estar nesse bosque ao amanhecer", enquanto outro poderia comentar: "Que chatice!"

Por último, o quinto critério é relativo *às inferências* que o leitor faz em relação às informações contidas no texto. Quem realmente compreende é o que consegue integrar a informação do texto com o seu conhecimento, de modo que resulta útil quando se defronta com problemas e tarefas em diferentes contextos. Neste caso, por exemplo, um leitor poderia pensar: "Se as abelhas sorvem as flores de dia, se eu quiser ter colmeias seria melhor tê-las em uma zona onde a maioria das flores se abra ao amanhecer".

As dificuldades de compreensão podem ser produzidas em relação a qualquer um dos critérios assinalados, sendo que a compreensão em níveis superiores é influenciada pela de níveis inferiores. Por isso, no caso das dificuldades de compreensão em relação à identificação da ideia principal, nosso foco neste trabalho, seria preciso analisar se estas ocorrem por dificuldades nos níveis precedentes ou a outros fatores. Em qualquer caso, antes de proceder nessa direção, para determinar o critério de compreensão é necessário analisar as características dos procedimentos que são possíveis de utilizar para identificar se o sujeito compreendeu o texto e localizou sua ideia principal.

A seguir vamos analisar esses procedimentos.

4 Recordar um texto como indicador de compreensão

• Um dos procedimentos mais utilizados para avaliar a compreensão é solicitar que o aluno leia um texto e depois conte o que leu, sem reler o texto. O que costuma acontecer nesses casos? Poderiam me dizer qual tipo de respostas, das que apresentamos a seguir, é mais frequente em sua sala de aula? Pensem como avaliam cada tipo de resposta, por que avaliam assim e se deveríamos fazer algo para finalizar a análise.

Possíveis respostas dos alunos

Tipo 1	Um homem viu uma abelha que estava em uma flor e em seguida voou para outra, e ela levava pólen nas suas patas.
Tipo 2	Um homem caminhava por um bosque e viu flores ao longo do caminho, acariciadas pelo beijo cálido do sol que fazia com que abrissem suas portas para os primeiros insetos. Viu flores brancas que, em vez de se abrirem, pareciam se fechar, e se deteve observando. Em seguida, fecharam. Viu uma abelha que sorvia uma flor vermelha no arbusto, ela tinha pólen nas suas patas. Saiu voando e foi posar em outra flor vizinha da primeira. Ao fazer isso deixou cair um pouco do pólen.
Tipo 3	Um homem caminhava por um bosque e lembrou de ter ouvido na escola que a forma e a cor das flores e os odores que exalam quando se abrem atraem diferentes tipos de insetos, que se encarregam de levar o pólen de uma para a outra.
Tipo 4	O mais importante que o autor diz é que a forma e a cor das flores e os odores que emitem quando se abrem a diferentes insetos, que se encarregam de levar o pólen de uma para as outras. Também tem importância observar com cuidado o que nos rodeia para descobrir coisas.

(O professor do módulo avisa que os participantes têm cinco minutos para analisar e avaliar as diferentes respostas. Depois continua como segue.)

Parece claro que *o primeiro tipo de resposta* é o que implica menor compreensão, em especial, no que se refere à informação importante contida no texto. Na resposta, o aluno utiliza as mesmas palavras do texto, não apresenta nenhum tipo de elaboração pessoal e menciona apenas alguns detalhes.

Porém, pode ter acontecido que a falha não seja na compreensão e sim na memória do aluno. Podemos tentar esclarecer a dúvida se, ao receber uma resposta como essa, questionarmos sobre aspectos específicos do texto, perguntas que podem mobilizar a lembrança e, dependendo da resposta, o professor pode identificar de fato o problema, nesse caso de compreensão ou de memória.

Em relação ao segundo tipo de resposta, pode parecer que apresenta uma melhor compreensão, porque menciona mais detalhes do texto. Porém, a lembrança é literal, não há elaboração pessoal e não aparecem as ideias mais importantes. Lembra mais, mas não quer dizer que implique compreensão, já que não há indícios de elaboração pessoal do que foi lido. Nesse caso, podemos pensar que responder literalmente possa estar ligado a expectativas inadequadas do aluno em relação ao tipo de resposta que o professor desejava.

Acontece frequentemente que se elogie os alunos quando eles mencionam algo que leram ou que já foi debatido em aula. Comentários como "que boa memória tens!" Podem dar uma impressão equivocada em termos de valorização desse atributo pelo professor. Nesse caso, a falta de elaboração não significaria necessariamente falta de compreensão. Poderia ser que o aluno foi "treinado" a dar respostas literais em outras situações didáticas e a não distinguir as informações mais importantes do texto.

O terceiro tipo de resposta inclui alguns elementos centrais da compreensão do texto. Porém, seu caráter literal faz com que não seja possível ter segurança de que há compreensão. Algumas vezes pode ocorrer de o aluno fixar o foco da atenção em indicadores ou pistas do texto, que não são adequados para a compreensão de diferentes tipos de textos. No caso dessa resposta, pode-se supor que palavra escola mobilizou a atenção de modo especial, já que está logo no início do relato do aluno (diferente de que no próprio texto).

Finalmente, o último tipo é o que reflete uma melhor compreensão do texto, já que o sujeito expressa em suas próprias palavras os elementos que constituem a sua mensagem central. A resposta também reflete uma boa capacidade de memória, não de lembrança literal, sem assimilação, mas de uma lembrança elaborada de um texto compreendido.

• Considerando o que acabamos de dizer, cabe perguntar o seguinte: Tem algum sentido continuar avaliando a compreensão leitora através de provas de memória? Esse tipo de prova segue sendo útil? Em que condições? Como seria necessário complementar a avaliação?

(Ouve-se a opinião dos participantes, completando, se for necessário, do modo que se indica a seguir.)

Para que o uso da recordação de um texto como indicador de compreensão possa ser útil é preciso estabelecer algumas condições:

- Depende do objetivo da avaliação. Se queremos analisar ao mesmo tempo se um aluno compreendeu e lembra das ideias de um texto, então pode ser útil. Porém, se o que queremos é obter informação que nos sirva de orientação para estratégias de solução de problemas de compreensão, esse procedimento não é útil, já que não nos informa, no caso de que a compreensão falhe, qual o motivo disso. Ou seja, lembrar não é sinônimo de compreender.

- Se o que queremos é avaliar a compreensão de aspectos específicos do texto, esse procedimento não é o mais adequado, pois, ainda que o sujeito saiba o conjunto do que leu, pode deixar de lado mais ou menos detalhes em função do tamanho ou do pouco interesse que este texto despertou nele. Para avaliar a compreensão de aspectos específicos, portanto, é necessário utilizar outros procedimentos.

- Não é suficiente utilizar esse procedimento quando se ajusta ao objetivo adequado. É necessário também informar ao sujeito, antes da leitura do texto, que depois serão realizadas perguntas para ver se ele lembra e se compreendeu o conteúdo do texto, para que realize a leitura com o objetivo adequado.

- É necessário enfatizar na pergunta que o aluno relate "com suas palavras" a ideia ou ideias mais importantes "que o autor do texto comunica". Esse tipo de pergunta sugere que aquilo que se espera do aluno é uma elaboração mais importante do ponto de vista do autor. Se, ao contrário, solicitamos que ele apenas relate o que se lembra do texto lido, pode ser que ele elabore uma ideia inadequada do tipo de resposta que se espera dele.

- Após estabelecidas as condições anteriores, ao escutar o relato do aluno é preciso considerar como indicadores de compreensão as respostas que impliquem algum tipo de inferência ou de elaboração.

- No caso de não haver respostas desse tipo, o professor deve solicitar que o sujeito releia o texto, relatando com suas próprias palavras o que ele quer dizer, ainda que nesse caso não se estaria mais avaliando a memória nem a compreensão que decorre dela.

5 Avaliação da compreensão através de perguntas abertas

5.1 O questionário acumulativo

Um outro procedimento frequente de avaliação é o de elaborar várias perguntas específicas referentes tanto a aspectos parciais como globais da compreensão textual. Esse procedimento também apresenta vantagens e inconvenientes que vamos examinar através de um exemplo.

Leiam o texto a seguir, e procurem determinar o que se pode considerar como critério de compreensão nesse caso específico, considerando os diferentes níveis que descrevemos anteriormente.

9.2

Maria Antonieta contempla com terror indescritível a pluma que lhe é estendida por uma mão deferente. Enquanto se tratava de desfilar, de cumprimentar e descer escadas graciosamente, tudo andava às mil maravilhas e todo mundo admirava a facilidade e a segurança com que cumpria seu papel. Mas, diante dessa folha branca, perturba-se e perde seu equilíbrio. Lembra de repente os dias em Viena, na sala de estudo, inclinada sobre seu eterno martírio: as tarefas de caligrafia. Mas ali o professor indulgente lhe ajudava, às vezes, traçando previamente com lápis os caracteres que ela tinha apenas que cobrir de tinta. Aqui isso não é possível. Tem que escrever com sua própria mão num espaço virgem toda essa série interminável de letras que formam seus quatro nomes e, o que é mais complicado ainda, todas as letras no mesmo nível. Empunha tremendo sua ferramenta, que não parece querer obedecer-lhe. Seu primeiro nome "Maria", surge sem incidentes. Mas, ao chegar ao segundo, a mão enfraquece e faz com que perca o equilíbrio da linha iniciada. A catástrofe acontece no terceiro. Desde a primeira letra, a pluma se prende no papel e surge uma espessa mancha de tinta que cobre a parte superior da maiúscula inicial. Termina por fim como Deus permite sua assinatura de escolar pouco aplicado, que destoa dentre as onze assinaturas principescas, impecáveis todas elas, que cobrem a ata.

(O objetivo é aplicar o que se disse anteriormente sobre os níveis de compreensão, a fim de poder estabelecer com base a que critérios avaliar os alunos. Depois de alguns minutos de trabalho individual, recolhe-se as sugestões dos participantes, complementando-as, se for necessário, com o que segue.)

Em relação à compreensão do vocabulário e das proposições do texto, é provável que um aluno do 6º ano da educação básica possa não compreender alguns termos e expressões, cuja importância para a compreensão do texto varia:

indizível terror	mão deferente	cumprir seu papel	se perturba	ata
perder a compostura	martírio	indulgente	espaço virgem	

Em relação às ideias expressas no texto, podem ser resumidas em:

- Maria Antonieta desempenhou bem seu papel.
- Escrever era muito trabalhoso para ela.
- Enquanto estava aprendendo, o professor ajudava.
- Mas não sabe escrever bem.
- Agora precisa assinar no mesmo lugar que príncipes já assinaram.
- Por isso tem medo.
- O medo faz com que sua mão trema.
- Alguém lhe alcança uma pluma, a que olha com terror.
- A pluma tranca e deixa um borrão.
- Termina a assinatura como pode.
- A assinatura destoa das demais.

O tema do texto é a assinatura de Maria Antonieta e a ideia principal é *não saber escrever deixou ela nervosa ao ter que assinar em público e fez com que elaborasse uma assinatura ruim.* Finalmente, em relação ao quarto nível de compreensão, entrariam a identificação dos sentimentos de Maria Antonieta ao segurar a pluma, olhar a folha, assinar publicamente e comprovar o resultado.

Os elementos enumerados agregam o que o sujeito deveria compreender em cada um dos níveis. Pensemos agora: Que perguntas deveriam ser elaboradas para avaliar a compreensão? Evidentemente seria possível fazer perguntas que avaliassem a compreensão de todos e de cada um dos elementos enumerados, mas considerando que na maioria dos casos isso seria muito longo e que não é viável em uma classe, que perguntas priorizar? Pensem um pouco e na continuação analisaremos quais são as mais adequadas e por quê.

(É possível que os participantes formulem perguntas como as que estão na tabela 9.1. Em caso negativo, pode-se sugerir as que eles não tenham formulado, perguntando se seriam ou não adequadas. Depois se continua como a seguir.)

Tabela 9.1 Perguntas que poderiam formular os professores para avaliar a compreensão da história da assinatura de Maria Antonieta

1) Qual o tema do texto?

2) Quem é a protagonista da história?

3) Quem era Maria Antonieta?

4) Por que contempla com terror indescritível a pluma?

5) O que significa mão deferente?

6) A que papel se refere o autor quando escreve que "cumpria seu papel?

7) O que querem dizer as expressões "se perturba" e "perde o equilíbrio"?

8) Por que se perturba e perde o equilíbrio?

9) O que quer dizer caligrafia?

10) Com o que Maria Antonieta escreve?

11) A que espaço virgem se refere o autor?

12) Por que empunha tremendo sua ferramenta?

13) A que ferramenta se refere o autor?

14) Por que o autor escreve que a ferramenta não parecia querer obedecer?

15) Por que escreve que a mão enfraquece?

16) O que quer dizer que faz com que rompa o equilíbrio da linha iniciada?

17) A que se refere quando afirma que a catástrofe vem no terceiro?

18) Que significa ata?

19) Como se sentia Maria Antonieta enquanto escrevia e quando terminou de assinar?

20) Como resumirias em uma ou duas frases o mais importante que o autor relata?

21) O que o autor pretendeu ao contar esta história?

Que critérios podemos utilizar para selecionar as perguntas a serem utilizadas desse conjunto de questionamentos que elaboramos?

(É esperado que sugiram critérios, indicando a possibilidade de utilizar os seguintes.)

Como o que nos interessa é analisar a capacidade do sujeito de distinguir o importante do que não é, as primeiras perguntas a serem realizadas seriam as 1, 20 e 21, já que permitem determinar se o leitor sabe diferenciar o tema (sobre o que é o texto), da ideia principal (o mais importante que o autor diz sobre o tema) e da intenção (o motivo pelo qual o autor conta o que conta sobre o tema que escreve).

Se o interesse for perceber até que ponto o sujeito foi "empático" com os sentimentos da protagonista, perguntas como a 4, 7, 8, 12, 15 e 19 seriam as mais adequadas, dado que transmitem o estado de ânimo, se bem que não seria necessário fazer todas.

Por outro lado, se o que interessa é ver em que medida o leitor compreendeu aspectos específicos do texto, o mais adequado seria enfocar naqueles cuja compreensão condiciona que o sujeito compreenda a ideia central. Em consequência, as perguntas 3 (saber que Maria Antonieta, a protagonista, era uma rainha, ajuda a compreender a vergonha que pode sentir ao fazer um borrão na presença dos príncipes que assinaram a ata junto com ela), 9 (sem compreender o que é caligrafia, é difícil entender o porquê do medo da protagonista), 4 (tem a ver com o motivo do medo: a necessidade de escrever em público e não saber fazê-lo bem), 8 (também tem a ver com o motivo do medo, sendo termos-chave através dos quais o autor transmite o estado de ânimo da protagonista) e 17 (que é o auge do fato que ela temia) podem ser especialmente úteis, dado que se tratam de perguntas que requerem a realização de inferências por parte do leitor.

O tipo de perguntas que acabamos de analisar, na medida em que se direcionam para a comprovação dos conhecimentos e inferências que o leitor teve que realizar para compreender o texto, podem ser respondidas com o texto em mãos, o que evita que nos equivoquemos entre a avaliação da compreensão com a da capacidade de lembrar o texto. Sem dúvida, seu uso apresenta alguns problemas.

Ainda que as perguntas adequadas sejam selecionadas, no caso de o sujeito não conseguir responder fica difícil saber se isso se deve a problemas de expressão em lugar de problemas de compreensão. Além disso, nas perguntas direcionadas para avaliar a compreensão do tema do texto, da ideia principal e da intenção do autor, pode acontecer que um sujeito responda de acordo, mas por razões inadequadas, o que nos impedirá de corrigir eventuais deficiências que poderão manifestar-se na leitura de outro texto.

Por isso, ainda que sejam muito úteis como testes informais de leitura, devido a facilidade com que podem ser elaborados, é preciso utilizar outros métodos se o que se deseja é avaliar se os alunos conseguem identificar informação importante e, em caso negativo, identificar quais suas dificuldades.

5.2 O questionário de avaliação sistemática

Dado um texto com uma determinada estrutura, o procedimento mais direto e, supostamente, mais fácil de utilizar é questionar qual o tema do texto, qual a ideia principal, solicitar que elabore uma representação hierárquica das ideias contidas no texto e que nos explique o que fez, ou que estratégia(s) utilizou para saber o que era mais importante que o autor queria comunicar.

Porém, no caso de respostas adequadas, pode acontecer que tanto o conteúdo quanto a estrutura do texto tenham ajudado ao sujeito a atender as demandas, mas não pelas razões adequadas. Por isso, considerando que o interesse seja não apenas saber se o sujeito conhece a ideia principal de um texto concreto, mas também que ele tenha construído conhecimento sobre a estrutura dos textos e as estratégias de identificação das ideias principais a partir das mesmas, elaborar apenas as perguntas assinaladas não será suficiente.

É necessário, a partir das respostas dos sujeitos, colocar à prova a consistência dessas respostas, o que se pode fazer através de uma entrevista como a que sugerimos na continuação. E, em relação a respostas inadequadas, pode-se fazer o mesmo, se o que nos interessar for esclarecer os motivos pelos quais os alunos responderam de modo equivocado.

Além disso, como o conteúdo das estruturas dos textos varia, é necessário também que se faça a avaliação com vários tipos de textos, como os que incluímos na continuação deste módulo, que variam em relação a sua estrutura, no fato de que a ideia principal está implícita ou explícita, dentre outros fatores.

Mediação docente

A entrevista começa solicitando ao aluno que leia o primeiro texto e, quando ele terminar, o professor continua como descrito a seguir.

9.3

No século XIX, comparada com a indústria europeia que estava no auge, a brasileira estava quase estancada. Comparado com o crescimento do comércio europeu, o brasileiro estava muito pouco desenvolvido. As importações eram maiores do que as exportações, ao contrário do que acontecia em alguns países europeus. Frente a mecanização da agricultura europeia, o Brasil seguia com técnicas tradicionais. Os rendimentos agrícolas eram menores que os europeus.

Para investigar se o aluno sabe identificar o que é o tema de um texto – o que se refere, de uma maneira ou de outra, um conjunto de ideias que comunicam no texto – poderíamos perguntar:

- Qual o tema que o autor comunica? Ou sobre que o texto fala?

- Vamos supor que responda: sobre a indústria brasileira no século XIX.

- Poderíamos seguir: Por que afirmas que esse é o tema do texto?

- Nesse caso, ele poderia nos dar respostas como: a) Porque tudo no texto fala sobre isso; b) Porque é o que comunica primeiro; c) Porque a compara com a da Europa.

- Em cada um desses casos seria possível colocar em dúvida a consistência da ideia em que o aluno baseia a sua explicação, com perguntas como:

- O comércio do século XIX poderia ser o tema do texto? Por quê?

- E a agricultura brasileira do século XIX poderia ou não ser o tema? Por quê?

- Se o texto falasse primeiro na agricultura e depois da indústria, o tema seria a agricultura ou a indústria? Por quê?

O que importa com esse tipo de pergunta não é tanto que o sujeito responda ou não adequadamente à pergunta inicial – no caso desse texto, o tema é a economia brasileira em relação à europeia no século XIX –, mas sim que ele responda por que pensou de uma maneira e não de outra. Desse modo o professor tem como compreender como se processa o pensamento do aluno, que estratégias ele utiliza para solucionar o problema proposto pelo professor.

Em geral, a maioria dos alunos, depois do 5º ou 6º ano da educação básica, sabe identificar, sem maiores problemas, o tema do texto. Porém, quando se trata de identificar a ideia principal (o mais importante que o autor diz sobre o tema), costumam confundir um com o outro. Por isso, além de identificar o conhecimento que o sujeito tem sobre o tema, é preciso continuar com a exploração da ideia principal, como sugerido a seguir.

- Agora, me diz qual é a ideia principal desse texto?
- Suponhamos que responda: que a indústria brasileira no século XIX estava estancada. Continuaríamos:
- Por que pensas que essa é a ideia principal?
- Poderia nos responder, por exemplo, "porque está no início do texto". Se for assim, continuamos com perguntas como: E se colocássemos essa frase no final do texto, continuaria sendo a ideia principal? Por quê?
- Ou, e se colocássemos no início do texto a frase: "No século XIX, comparado com o comércio europeu, o brasileiro estava muito pouco desenvolvido"? Seria essa a ideia principal? Por quê?
- E se no final do texto nos deparássemos com a frase: "Enquanto a economia europeia se movimentava e avançava, a brasileira se encontrava ancorada nos velhos usos, sem capacidade de progredir", essa seria a ideia principal? Por quê?

As perguntas anteriores podem variar de acordo com a resposta do aluno. Por isso, a fim de podermos prever que perguntas fazer, é interessante saber que as razões que os alunos costumam mencionar com mais frequência se referem a:

- As relativas à ordem da frase escolhida no texto "porque é a primeira frase", "porque é a última frase" etc.
- As que contêm certos termos: "o melhor é...", "o mais importante é...", "a conclusão é..." etc.

- As relativas a determinadas funções das frases: "explica algo", "resume" etc.

- As relativas ao conteúdo das frases, em especial, os conteúdos que trazem novidades, vivacidade e concretude.

- As relativas ao que se fala ou não se fala de algo explicitamente no texto.

Sintetizando o que descrevemos até aqui, o procedimento se resume no seguinte:

1) Perguntar qual a ideia principal do texto.

2) Depois que o aluno responder, adequadamente ou não, perguntar por que deu essa resposta.

3) Na continuação, relacionado com o tipo de justificativa dada, o professor vai sugerindo diferentes modificações no texto – mudando de lugar a frase-ideia que foi apontada como principal, retirando-a, incluindo outras ideias etc. – e perguntando novamente, depois de feita uma das mudanças, qual seria a ideia principal.

O motivo de propor essa forma de avaliação é a suposição de que aquilo que o sujeito sabe é algo que precisa inferir a partir da regularidade de suas respostas diante de diferentes situações planejadas, para evidenciar a lógica do pensamento do aluno. Ao fazer a modificação é importante evitar sugerir a resposta que se espera. Isso pode ser feito perguntando: "Seria ou não seria... a ideia principal?"

O fato de que a identificação da ideia principal esteja condicionada, entre outros fatores, pela estrutura do texto, faz com que o processo anterior necessite ser realizado com textos de estruturas diferentes.

Se o que se desejar avaliar for se o aluno reconhece a estrutura do texto ou o que determina que não consiga fazê-lo, é possível utilizar a forma de perguntar que acabamos de descrever com o objetivo de explorar em profundidade a representação da estrutura do texto. Para fazer isso é possível proceder como sugerimos com o texto a seguir.

> **9.4**
> (1) Os satélites artificiais têm que girar em grandes alturas por causa da resistência do ar. (2) Se voassem baixo, o ar da atmosfera atrasaria sua velocidade, e necessitariam de grande quantidade de energia para voar sem que a resistência do ar fizesse com que caíssem na terra. (3) Se não fosse assim – se a atmosfera não atrasasse o movimento dos satélites – bastaria que eles girassem ao redor do nosso planeta a uma altura suficiente para não se chocar com as montanhas. (4) Fora da atmosfera, entretanto, não existe o problema da resistência do ar. (5) Por isso os técnicos enviam os satélites para grandes alturas.

Como podem perceber, ainda que não seja o comum, colocamos números antes de cada um dos principais enunciados do texto. Eles têm a função de ajudar ao aluno para atender a tarefa que será solicitada: construir um diagrama que reflita como as ideias do texto se relacionam, sem necessidade de repetir cada frase. Depois de informar que sempre ponham o número que se refira à ideia mais importante na parte superior, os alunos costumam compor alguns diagramas como a seguir:

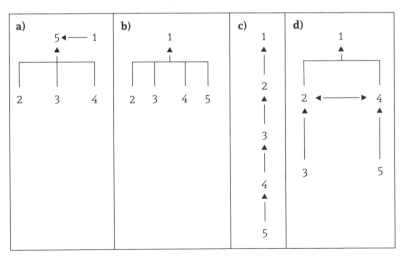

Depois que o aluno fizer seu diagrama, o professor pode questionar, como exemplificamos a seguir:

- Em um diagrama como o "a": Por que colocas a frase "Os satélites artificiais têm que girar em grandes alturas em razão da resistência do ar" em primeiro lugar? Vamos supor que ele responda que "porque é a ideia mais importante". O professor confronta essa hipótese, perguntando algo como: "Com isso queres dizer que a ideia 5 não é tão importante como a anterior, segundo o autor, ou é?" Por quê?

- Em um diagrama como o "b": Por que tu unistes todas as frases com a número 1? Vamos supor que ele responda, como é frequente acontecer, "porque todas se referem aos satélites artificiais". O professor poderia confrontar essa hipótese perguntando algo como: Podes me mostrar em cada frase que palavras indicam que todas falam em satélites artificiais?

- Em um diagrama como o "c" poderíamos questionar: Por que unistes a frase 4 com a 3? Vamos supor que ele responda "porque é continuação". Poderíamos confrontar a hipótese perguntando: E se a frase 4 estivesse atrás da frase 2, seria necessário uni-la a dois ou não? Por quê?

O sistema de avaliação que acabamos de descrever tem vantagens e inconvenientes. A vantagem principal é que constitui um experimento individualizado no qual, de modo sistemático, busca-se determinar não apenas o que o sujeito faz, mas por que faz – por que responde como responde.

Desse modo, através da regularidade e da estabilidade das justificativas das suas respostas, é possível identificar a sua percepção/compreensão do que é o tema, a ideia principal, a estrutura do texto e a intenção do autor. A avaliação também oportuniza que se perceba se o sujeito compreendeu aspectos específicos do texto. Originalmente, esse procedimento avaliativo foi concebido para avaliar a compreensão dos conceitos através da sua representação expressa na regularidade das respostas e das explicações oferecidas pelos alunos.

Seu principal inconveniente é que ocupa muito tempo, o que a torna inviável quando se precisa avaliar muitos alunos. Por isso, vamos mostrar outros procedimentos que podem contribuir nesses casos.

Prática do questionamento sistemático

Com o objetivo de contribuir na aprendizagem do uso desse tipo de questionamento, vamos ler o texto a seguir. Depois da leitura, individualmente, elaborem perguntas a seus alunos, encaminhando o pensamento deles para a identificação do tema, da estrutura do texto, da ideia principal. Explicitem que depois vão solicitar que eles justifiquem as razões das respostas que forneceram.

Além disso, no mesmo exercício, elaborem hipóteses das respostas que os sujeitos poderiam dar e pensem como poderiam confrontá-las, com que tipo de questionamentos. Depois de cada um realizar a tarefa individualmente, vamos socializar o que produzimos.

(A seguir o professor entrega uma cópia do texto 9.5 para cada participante e estipula o tempo que julgar necessário para a realização da proposta. Passado o tempo, os participantes socializam suas produções e analisam uma a uma em relação a sua adequação. Para tal, precisam examinar se os questionamentos incluem os seguintes critérios:

- Realizar a pergunta básica.

- Perguntar qual a justificativa da resposta.

- Introduzir sistematicamente elementos que coloquem em xeque a estabilidade e a regularidade das respostas do aluno.

- Elaborar questionamentos que não direcionem o pensamento do sujeito para a resposta adequada, oferecendo sempre a dupla alternativa "seria ou não seria..."

- Solicitar que justifiquem suas estratégias.)

A seguir incluímos o texto para a prática e alguns exemplos dos diagramas da representação da estrutura construídos pelos alunos, para que o professor possa analisar e se preparar para trabalhar com a mediação com seus próprios alunos.

9.5

(1) O rápido crescimento da população mundial durante os últimos anos é o fenômeno mais destacado do nosso tempo. (2) Esse crescimento foi muito lento até meados do século passado, (3) mas desde então até os dias de hoje ele triplicou. (4) A causa desse rápido crescimento é a diminuição da mortalidade, (5) devido aos progressos da medicina, da melhora na qualidade da alimentação e a extensão internacional dos cuidados médicos. (6) A diminuição dos índices da mortalidade, em grau maior ou menor, foi geral no mundo. (7) O diferente foi o número de nascimentos: (8) muito elevado nos países pobres, (9) em contínuo descenso nos países com alto nível de qualidade de vida.

(10) O crescimento da população mundial tem diversas consequências. (11) A mais importante é a insuficiência de recursos da Terra para alimentar a sua população no futuro. (12) Esse problema mobilizou as grandes potências e também organismos internacionais para buscar soluções, promovendo a limitação artificial dos nascimentos. (13) Solução tão simples não é adequada para um problema tão complexo. (14) O estudo e a exploração de áreas vazias, (15) o incremento da produtividade das terras mal-exploradas e a (16) ajuda generosa para os países pobres, (17) são os meios mais adequados para solucionar os problemas demográficos.

Diagramas elaborados pelos alunos

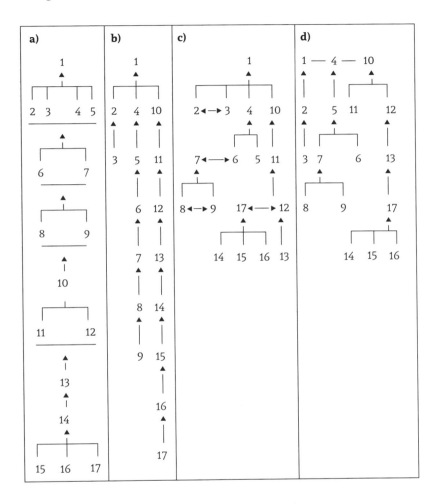

6 Avaliação da compreensão através de perguntas fechadas

Outra opção para avaliar a compreensão e os fatores que a influenciam é através de perguntas fechadas de múltipla escolha. Ainda que existam baterias de provas estandardizadas com esse objetivo, na medida em que é necessário integrar a avaliação na instrução de modo que o professor possa ajudar ao aluno a superar seus problemas no seu contexto de atuação, é conveniente que os professores aprendam a elaborar perguntas fechadas.

Para tal, vamos apresentar inicialmente um exemplo retirado dos trabalhos para a realização da bateria Idepa[4]. Posteriormente, com outro texto, realizaremos a fase de práticas de construção das perguntas fechadas.

Antes de passar a analisar o material que oferecemos como exemplo, é necessário recordar que o conhecimento do vocabulário específico do texto, a representação que o sujeito elabora da sua estrutura e a estratégia que segue para – dada uma estrutura específica – identificar a ideia principal, são variáveis que atuam como mediadoras na identificação da ideia principal. Por essa razão, a bateria Idepa inclui elementos para avaliar cada uma das variáveis mencionadas, além da ideia principal.

6.1 Exemplo

Leiam, por favor, o seguinte texto e as três perguntas elaboradas sobre ele.

9.6

(1) Há substâncias (2) formadas por vários tipos de matéria misturadas em proporção variável. (3) Cada componente conserva suas propriedades dentro da mistura, (4) e as propriedades dessa são o resultado médio das propriedades dos seus componentes.
(5) Por exemplo, o chocolate é uma mistura de açúcar e cacau: (6) cor, sabor e valor alimentício são resultados das propriedades de seus componentes. (7) O petróleo é outra mistura; (8) dele se separam gases como o butano, líquidos como a gasolina e sólidos como o asfalto.

---

4. Alonso Tapia, Carriedo e Gonzalez, 1992.

• Pergunta sobre a representação da estrutura do texto:
Qual diagrama representa melhor o que comunica o autor nesse texto?

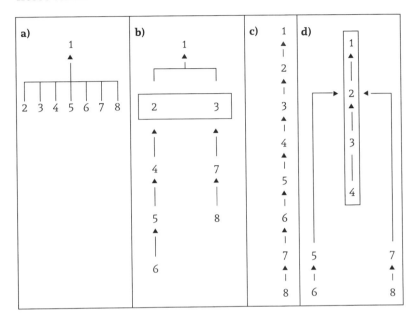

• Pergunta sobre o conhecimento da estratégia a ser utilizada para identificar a ideia principal:

Se nos deparamos com um texto semelhante a este, no qual o autor descreve as características de uma classe de objetos e oferece exemplos deles, a melhor forma de saber qual é a ideia principal é:

a) Colocar em uma frase as propriedades dos objetos.

b) Assinalar a frase que informa sobre o que o texto vai falar.

c) Resumir o exemplo, que é aquilo que melhor expressa o pensamento do autor.

d) Não existe uma estratégia para saber qual é a ideia principal.

• Pergunta para avaliar se o sujeito sabe qual é a ideia principal:

Qual das seguintes afirmações expressa melhor a ideia principal deste texto?

a) Existem substâncias que são resultado de misturas de outras e cujas propriedades derivam das propriedades das diferentes matérias misturadas.

b) Existem muitas substâncias que estão compostas por diferentes componentes.

c) Para misturar duas substâncias é necessário que tenham as mesmas propriedades.

d) Quando se misturam duas substâncias como o açúcar e o cacau, o resultado é uma substância – o chocolate – que conserva as propriedades de ambas.

Agora vamos analisar primeiramente as perguntas sobre a estrutura do texto. Pensem um momento: O que significa a escolha do diagrama "a"?

Ele reflete um equívoco muito frequente. Implica identificar o tema e o fato de que as diversas frases se relacionam com ele, mas não estabelece relações entre as diferentes frases em função da dependência semântica ou sintática existente entre as mesmas. **Esse erro ocorre, provavelmente, porque os sujeitos não conhecem a diferença entre tema e ideia principal. E também porque o sujeito não identifica, de forma adequada, as relações de dependência hierárquica, baseadas nos indicadores sintáticos ou semânticos, que se estabelecem entre as frases.** Assim sendo, **com os alunos que escolhessem essas alternativas, seria necessário trabalhar as questões apontadas.**

E em relação ao diagrama "c"? Reflete outro equívoco frequente. Nesse caso, o sujeito se fixou apenas na estrutura superficial e linear do texto, não percebendo que às vezes as frases se relacionam por razões sintáticas e/ou semânticas, com outras mais distantes. Provavelmente **quem escolheu essa alternativa** não tem uma noção clara do que implica a estrutura de um texto nem da forma com a qual se pode identificá-la. Com esse aluno seria necessário uma outra abordagem sobre esse aspecto.

E a escolha do diagrama "b"? Pensem no que pode ter embasado essa escolha. Nesse caso, o sujeito parece diferenciar tema, ideia principal e detalhes, porém deixa fora a frase 4 que traz um elemento importante da ideia principal. **Pode ser que tenha sido uma resposta precipitada.**

Finalmente, o diagrama "d" é o que reflete a escolha adequada. A hierarquia entre as frases 1, 2, 3 e 4 foi reconhecida, mas todas fazem parte da ideia principal. Nesse diagrama se diferencia entre ela e os exemplos e, dentro deles, entre afirmações que dependem umas das outras. O sujeito que escolhe essa alternativa diferencia uma afirmação de caráter geral (definição) do que são especificações ou exemplos.

Em relação à outra pergunta, sobre qual a estratégia mais adequada para identificar a ideia principal, escolher a opção adequada implica saber que a ideia principal nesse tipo de texto é a frase que resume as propriedades dos objetos descritos. As outras alternativas foram elaboradas com base nos erros mais frequentes encontrados nas respostas dos alunos, como procurar a primeira frase, atentar para os exemplos etc.

Finalmente, relacionado à pergunta sobre qual das afirmações expressa melhor a ideia principal do texto, a escolha da alternativa "b" sinaliza que o sujeito excluiu alguns elementos dessa ideia. Provavelmente, o sujeito pensou que a afirmação era importante e respondeu sem maiores comprovações, não percebeu que faltava algo. A alternativa "c" não se apoia em nenhum dado do texto, sendo sua escolha apenas equivocada. Finalmente, a alternativa "d" foca no exemplo e não na ideia principal. Confunde o específico com o geral.

6.2 Prática

Continuando, apresentamos um texto para que vocês, considerando os critérios utilizados nos exemplos para elaborar perguntas, pensem em três perguntas em relação à representação das ideias, às estratégias utilizadas para a compreensão e à identificação da ideia principal do texto. Lembrem-se de que, para desenvolver a pergunta sobre a representação, vocês terão que decidir em que lugar colocar os números ao longo do texto, para posteriormente utilizá-los nas alternativas.

9.7

No campo, na maioria do território do nosso país, podemos encontrar animais diversos, como insetos, pássaros, lagartixas, pequenos roedores etc., mas é pouco provável que encontremos animais encontrados em outros países, como leões, elefantes, girafas, búfalos e outros animais selvagens, exceto nos parques criados especialmente para isso. Por que essas diferenças?

Vamos pensar no que acontece quando corremos: nos apoiamos sobre a ponta dos pés. Porém, quando caminhamos devagar, nos apoiamos sobre todo o pé. O mesmo acontece com os animais. Aqueles que precisam correr com frequência para evitar seus inimigos têm patas que se apoiam apenas sobre um ou dois dedos, como o cavalo ou as gazelas, enquanto que aqueles que não "têm pressa", como os ursos, se apoiam em toda a planta do pé.

Vamos pensar também no que acontece com os animais que vivem adaptados à vida nas árvores, como os macacos ou os camaleões. Todos esses têm membros para agarrar-se: dedos nas quatro extremidades e rabo preênsil. Porém, os que caminham sem nunca subir nas árvores carecem desse rabo e só podem se agarrar com as extremidades dianteiras.

O mesmo acontece, por exemplo, com os golfinhos, os tubarões e a merluza. O corpo deles tem "forma de uso", o que facilita para se mover na água. Diferente da deles, o corpo dos animais que vivem na terra adota outras formas.

Também acontece algo semelhante com a forma de respirar. Os animais que vivem exclusivamente embaixo da água, respiram através de órgãos chamados guelras, enquanto que os que vivem fora da água respiram através dos pulmões.

Pode-se viver em diferentes lugares. E a necessidade de viver em lugares díspares faz com que os animais também sejam diferentes. Não é possível viver em todas as partes da mesma forma.

Módulo 10
Projeto de uma unidade de instrução

1 Objetivos

Aplicar o conjunto de conhecimento construído ao longo do curso em um projeto de instrução, de modo a contribuir para praticar o que foi aprendido.

2 Proposta

Para facilitar a elaboração do objetivo mencionado, incluímos neste módulo um esquema que integra o conjunto de ideias contidas ao longo dos módulos anteriores. O esquema serve tanto para a elaboração da aula como para o seu acompanhamento.

3 Esquema
3.1 Ativar o conhecimento prévio

- Articular os conteúdos que vão aparecer no texto com o conhecimento que o sujeito possui.
- Suscitar a curiosidade.
- Apresentar informação nova, surpreendente.
- Mostrar a relevância da tarefa (queremos aprender "isso", para...)

- Chamar a atenção do sujeito para os aspectos mais importantes do texto, com comentários do tipo: ...bem, agora vamos ler o texto para ver qual conhecimento ele nos traz sobre o que já sabemos sobre... nesse caso concreto vamos ver:

- - Quais foram as causas ou consequências de...

- - Quais são as diferenças ou semelhanças entre...

- - Qual é o processo que temos que seguir para...

- - Que conclusão o autor chega...

- - Em que consiste...

- - Quais são os problemas propostos e como se solucionam...

- - Quais são os grupos que estabelece o autor e que características têm...

- - O que pretende comunicar o autor enquanto conta essa história: quem são os protagonistas, onde e quando aconteceu etc.

3.2 Ler em voz baixa (ou solicitar que um dos alunos leia em voz alta enquanto os outros acompanham em leitura silenciosa)

3.3 Vamos ver, agora, que tipo de perguntas devemos fazer para entender adequadamente o texto, ou seja, para identificar a sua ideia principal (mediado)

- O professor exemplifica o processo de identificação da ideia principal para um determinado tipo de texto e depois continua... "uma das perguntas que eu me fiz para conseguir entender esse texto foi sobre o modo que o autor organiza as ideias, ou seja, sobre a estrutura do texto... Bem, agora vamos comprovar que efetivamente se trata desse tipo de texto enquanto fazemos o diagrama da representação.

3.4 Vamos comprovar se esse texto efetivamente tem a estrutura (dizer a hipótese do texto utilizado) e representar hierarquicamente suas ideias (instrução direta)

- Seguem os passos para comprovar que efetivamente o texto corresponde ao tipo de estrutura (como foi descrito anteriormente), e ao mesmo tempo se vai representando as ideias no quadro.

- Depois de terminado, diz-se: "Considerando a definição de ideia principal (o tema do texto + o que o autor diz sobre o tema); que nesse tipo de texto a ideia principal é (x) e a representação dessas ideias que acabamos de fazer, podemos pensar que a ideia principal desse texto é..." *(Depois de explicitada a ideia principal, deve-se rever com os alunos os elementos que precisam estar na ideia principal do tipo de texto que está sendo utilizado e analisar no diagrama se corresponde.)*

3.5 No final desse exercício, o professor vai solicitar que os alunos produzam um texto utilizando o tema do texto estudado, seguindo uma determinada estrutura, que será sugerida pelo professor

- Listar ideias sobre o tema.
- Organizar hierarquicamente as ideias.
- Produzir o texto seguindo uma estrutura determinada.

Referências

ALONSO TAPIA, J.; CARRIEDO, N. e col. (1992). *Leer, comprender y pensar* – Nuevas estrategias y técnicas de evaluación. Madri: Centro de Publicaciones Cide/MEC.

BAUMANN, J.F. (1986). *Teaching main idea comprehension*. Delaware: IRA.

CARRIEDO, N. (1992). *Enseñar a comprender* – Diseño y valoración de un programa de instrucción para formar a los profesores en la enseñanza de estrategias de comprensión de las ideas principales en el aula. Madri: Universidad Autónoma de Madri [Tese de doutorado].

CARRIEDO, N. & ALONSO TAPIA, J. (1991). "Enseñanza de las ideas principales: problemas en el paso de la teoría a la práctica". *Comunicación, Lenguaje y Educación*, 9, p. 97-108.

_____. (no prelo). *Teaching to understand*.

CUNNINGHAM, J.W. & MOORE, D.W. (1986). "The confused world of main idea". In: BAUMANN, J.F. *Teaching main idea comprehension*. Delaware: IRA.

VAN DIJK, T.A. & KINTSCH, W. (1983). *Strategies of discourse comprehension*. Nova York: Academic Press.

Índice

Sumário, 7

Apresentação da coleção, 9

Introdução – Processos de compreensão textual, 11

    1 A explicitação do conceito de ideia principal que embasa o programa, 12

    2 Estratégias utilizadas no programa e o conceito de ideia principal do qual se parte, 18

    3 Estrutura do programa, 20

    4 Método de formação utilizado no programa, 22

    5 Efetividade do programa, 24

Programa de formação de professores, 27

Módulo 1 Fatores que influenciam no processo de compreensão e de produção textual, 29

    1 Objetivos, 29

    2 O processo de compreensão leitora, 29

    3 O processo de produção textual, 32

    4 Relação entre os processos de compreensão leitora e de produção textual, 34

        4.1 Intencionalidade da escrita, 34

        4.2 Objetivo da leitura, 35

        4.3 Conhecimento prévio na leitura, 36

        4.4 Conhecimentos prévios na produção textual, 38

        4.5 Estrutura do texto, 38

4.6 Revisão e autorregulação do processo de elaboração, 42

4.7 Revisão e autorregulação do processo de compreensão, 43

Slides-*síntese*, 44

Módulo 2 Ativação do conhecimento prévio, 45

1 Objetivos, 45

2 Introdução, 45

3 Como decidir que tipo de conhecimento prévio ativar?, 48

3.1 Tipo de texto, 48

3.2 O objetivo do professor, 51

3.3 Conhecimentos do leitor, 54

4 Estratégias para desenvolver o conhecimento prévio necessário, 55

5 Síntese das estratégias de ativação do conhecimento prévio, 61

Módulo 3 Introdução à estrutura do texto: estrutura do texto e ideia principal; método de ensino: instrução direta, 63

1 Objetivos, 63

2 O conceito de ideia principal, 64

3 Introdução ao conceito de estrutura textual e sua importância para identificação da ideia principal nos textos expositivos, 69

3.1 tipos de estruturas textuais e indicadores que ajudam a identificá-las, 72

3.1.1 Generalização, 72

3.1.2 Enumeração, 73

3.1.3 Sequêncial, 74

3.1.4 Classificação, 75

3.1.5 Comparação-contraste, 76

3.1.6 Causa-efeito, 77

3.1.7 Problema-solução, 77

3.1.8 Argumentação, 78

3.1.9 Narração, 79

3.2 O que devemos ensinar aos alunos?, 80

3.3 Que processo devemos seguir para ensinar aos alunos os aspectos que acabamos de listar?, 81

Síntese, 85

Módulo 4 Textos com estrutura de generalização e de enumeração, 86

1 Objetivos, 86

2 Estrutura de generalização, 87

a) Introdução, 87

b) Exemplo, 88

c) Instrução direta, 94

d) Prática das estratégias, 104

3 Produção textual com o objetivo de descrever algo partindo de uma característica geral, 106

Slides-*síntese*, 112

Módulo 5 Textos de classificação e comparação-contraste, 115

1 Objetivos, 115

2 Estrutura de classificação, 116

a) Introdução, 116

b) Exemplo, 117

c) Instrução direta, 122

3 Estrutura de comparação-contraste, 132

a) Introdução, 132

b) Exemplo, 132

c) Instrução direta, 133

d) Prática das estratégias, 145

4 Produção textual com o objetivo de classificar ou de comparar, 147

Slides-*síntese*, 151

Módulo 6 Textos sequenciais, de causa-efeito e problema-solução, 153

    1 Objetivos, 153

    2 Estrutura sequencial, 154

        a) Introdução, 154

        b) Exemplo, 155

        c) Instrução direta, 162

        d) Prática de estratégias, 168

    3 Produção de um texto com o propósito de expor acontecimentos sequenciais ou conectados no tempo, 170

    Slides-*síntese*, 174

Módulo 7 Textos argumentativos, 176

    1 Objetivos, 176

    2 Estrutura argumentativa, 177

        a) Introdução, 177

        b) Exemplo, 179

        c) Instrução direta, 183

        d) Prática das estratégias, 190

    3 Produção de um texto com o propósito de convencer os leitores, 192

    Slides-*síntese*, 194

Módulo 8 Textos narrativos, 197

    1 Objetivos, 197

    2 Estrutura narrativa, 198

        a) Introdução, 198

        b) Exemplo, 199

        c) Instrução direta, 204

        d) Prática das estratégias, 211

    3 Produção de um texto com o objetivo de narrar uma história, 213

    Slides-*síntese*, 216

Módulo 9 Avaliação da compreensão leitora, 218

1 Objetivos, 218

2 Introdução, 219

3 Critérios de compreensão, 220

4 Recordar um texto como indicador de compreensão, 223

5 Avaliação da compreensão através de perguntas abertas, 227

    5.1 O questionário acumulativo, 227

    5.2 O questionário de avaliação sistemática, 232

6 Avaliação da compreensão através de perguntas fechadas, 241

    6.1 Exemplo, 242

    6.2 Prática, 246

Módulo 10 Projeto de uma unidade de instrução, 247

    1 Objetivos, 247

    2 Proposta, 247

    3 Esquema, 247

        3.1 Ativar o conhecimento prévio, 247

        3.2 Ler em voz baixa (ou solicitar que um dos alunos leia em voz alta enquanto os outros acompanham em leitura silenciosa), 248

        3.3 Vamos ver, agora, que tipo de perguntas devemos fazer para entender adequadamente o texto, ou seja, para identificar a sua ideia principal (mediado), 248

        3.4 Vamos comprovar se esse texto efetivamente tem a estrutura (dizer a hipótese do texto utilizado) e representar hierarquicamente suas ideias (instrução direta), 249

        3.5 No final desse exercício, o professor vai solicitar que os alunos produzam um texto utilizando o tema do texto estudado, seguindo uma determinada estrutura, que será sugerida pelo professor, 249

Referências, 250

CULTURAL

Administração
Antropologia
Biografias
Comunicação
Dinâmicas e Jogos
Ecologia e Meio Ambiente
Educação e Pedagogia
Filosofia
História
Letras e Literatura
Obras de referência
Política
Psicologia
Saúde e Nutrição
Serviço Social e Trabalho
Sociologia

CATEQUÉTICO PASTORAL

Catequese
Geral
Crisma
Primeira Eucaristia

Pastoral
Geral
Sacramental
Familiar
Social
Ensino Religioso Escolar

TEOLÓGICO ESPIRITUAL

Biografias
Devocionários
Espiritualidade e Mística
Espiritualidade Mariana
Franciscanismo
Autoconhecimento
Liturgia
Obras de referência
Sagrada Escritura e Livros Apócrifos

Teologia
Bíblica
Histórica
Prática
Sistemática

REVISTAS

Concilium
Estudos Bíblicos
Grande Sinal
REB (Revista Eclesiástica Brasileira)

VOZES NOBILIS

Uma linha editorial especial, com importantes autores, alto valor agregado e qualidade superior.

VOZES DE BOLSO

Obras clássicas de Ciências Humanas em formato de bolso.

PRODUTOS SAZONAIS

Folhinha do Sagrado Coração de Jesus
Calendário de mesa do Sagrado Coração de Jesus
Agenda do Sagrado Coração de Jesus
Almanaque Santo Antônio
Agendinha
Diário Vozes
Meditações para o dia a dia
Encontro diário com Deus
Guia Litúrgico

CADASTRE-SE
www.vozes.com.br

EDITORA VOZES LTDA.
Rua Frei Luís, 100 – Centro – Cep 25689-900 – Petrópolis, RJ
Tel.: (24) 2233-9000 – Fax: (24) 2231-4676 – E-mail: vendas@vozes.com.br

UNIDADES NO BRASIL: Belo Horizonte, MG – Brasília, DF – Campinas, SP – Cuiabá, MT
Curitiba, PR – Fortaleza, CE – Goiânia, GO – Juiz de Fora, MG
Manaus, AM – Petrópolis, RJ – Porto Alegre, RS – Recife, PE – Rio de Janeiro, RJ
Salvador, BA – São Paulo, SP